Inhaltsverzeichnis

Geleitwort

Im Mai 1996 fand an der Universität in Landau die Tagung „Basale Stimulation – Pflege und Förderung im Austausch“ statt, Rückschau und Ausblick nach 20 Jahren, in denen der Ansatz der Basalen Stimulation sich vielfach bewährt hat. Andreas FRÖHLICH hatte in der Begegnung mit schwerst- und mehrfachbehinderten Kindern deren vermeintliche Bildungsunfähigkeit in Frage gestellt und Wege gewiesen, über den Körper Zugang zu Geist und Seele dieser Kinder zu finden. Mehr noch: Die sinnlich vermittelte und erfahrene Begegnung mit Mensch und Umwelt zeigt sich überall da als hilfreich, wo Sprache und Bild nicht oder noch nicht oder nicht mehr unmittelbar verstanden werden. Neue Impulse bei der Behandlung von Früh- und Frühestgeborenen, ungeahnte Fortschritte bei der Behandlung von Patienten nach Schlaganfall, ein neues Verstehen des Wachkomas als Lebensform besonderer Art und humanere Betreuung alter Menschen durch fördernde Pflege sind nur einige Beispiele für die Fruchtbarkeit des Gedankens. Breite und Tiefe der Möglichkeiten zeigten immer deutlicher: Hier wurde etwas Grundsätzliches ans Licht gehoben, etwas in allen Menschen Veranlagtes, das nicht nur basal, sondern auch fundamental an der Leiblichkeit des Menschen ansetzt und seiner unentwegten Bereitschaft zur Begegnung.

Im Laufe der Jahre drängte sich immer stärker die Frage auf, welche Kräfte und Zusammenhänge in der Basalen Stimulation verborgen sind, daß sie Innenwelt und Außenwelt so vieler behinderter Menschen zum Miteinander, zur Verständigung bringen. Kann etwa die Neurowissenschaft weiterführende Antwort geben, wie der Mensch die geistigen und seelischen, ererbten und schicksalhaften Gegebenheiten seiner unvollkommenen Leiblichkeit zuordnet? Aber was ist, wenn dieses Projekt am Ende vor uns den Plan eines Menschen aufreißt, der Günstling seiner intakten oder Beute seiner defekten leiblichen Strukturen ist, ausgeliefert und nicht handelnd: Basale Stimulation als Programm zur Beruhigung des Stimulanten, erfolgreich nur dann, wenn Stimulus und notwendige Antwort zufällig übereinstimmen? Ich gebe zu, die Furcht davor hat mich lange bedrängt und die Versuchung zur Erkenntnis gedämpft.

Inzwischen hat sich meine Furcht gelegt. Auf der oben angeführten Landauer Tagung lernte ich den Neurowissenschaftler Lothar PICKENHAIN kennen. Sein Vortrag über die neurowissenschaftlichen Grundlagen der Basalen Stimulation beeindruckte durch seine überzeugende Fachlichkeit. Er begeisterte zugleich die Zuhörer, weil sie in ihrer Arbeit ernst genommen, behutsam und nachvollziehbar mit neurologischer Spitzenforschung vertraut gemacht wurden. PICKENHAINS Bereitschaft, das jetzt vorliegende Buch zu schreiben und in den Kontext der Basalen Stimulation einzubringen, macht es uns möglich, seine Erkenntnisse einer breiteren Fachöffentlichkeit zugänglich zu machen, deren Praxisorientierung zu Unrecht das Vorurteil der wissenschaftlichen Anspruchslosigkeit nährt.

Der schon beschworenen Versuchung zur Erkenntnis nachzugeben, macht unerhörtes Vergnügen. Der Autor breitet tiefgründende Fachwissenschaft so vor uns aus, daß wir auch ohne vertiefte Vorkenntnisse seiner Darstellung folgen können. Was er uns vermittelt, ist zugleich ein Erlebnis, das uns weiterbringt: PICKENHAIN ermöglicht uns eine so verständliche Sicht der Zusammenhänge, daß wir selbst erkennen können: Die Grundlagen der Basalen Stimulation beruhen auf allgemeingültigen neurowissenschaftlichen Gesetzmäßigkeiten. Sie sind in jedem Menschen angelegt, auch in dem scheinbar aus Defekten zusammengesetzten. Es zeigt sich, daß die für die Basale Stimulation so wichtige emotionale Komponente, die menschliche Begegnung, tatsächlich fundamental ist und ihre neurowissenschaftliche Entsprechung hat. Sie ist der Königsweg zur mentalen Repräsentation und damit zur Menschwerdung. Bisher nicht bekannte – aber immer schon erahnte – Kommunikationsformen des Menschen werden konkret: Das Kind schafft sich seine Umwelt selbst durch die aktive motorisch-sensorische und kognitive Auseinandersetzung mit ihr, der Erwachsene gewinnt sie auf diese Weise zurück, wenn er durch Krankheit oder Unfall oder Alter den Kontakt zur Umwelt verloren hat. Von da geht ein folgerichtiger Weg zu der Erkenntnis, daß über die mentale Repräsentation des Körper-Ich bei jedem Menschen soziale

Kommunikation möglich ist und Menschenwürde sich offenbart. Damit verlieren alle Versuche ihre Grundlage, das Lebensrecht irgendeines Menschen davon abhängig machen, ob wir an ihm Kommunikationsfähigkeit beobachten. PICKENHAIN klärt uns auf, warum Basale Stimulation uns befähigt, neue Wege der Kommunikation zu gehen, die das Kind uns immer schon angeboten hat.

Ein Aufklärungsbuch also? Ja, weil wir neue Freundschaft mit unserer Arbeit schließen. Ja, weil Bestätigung unseres Tuns neue Kräfte weckt. Ja, zum dritten Mal, wenn wir uns zu neuen Ideen anstiften lassen.

Günter DÖRR

Vorwort

Wenn wir als Angehöriger, Bekannter oder Therapeut einen schwerstgeschädigten Menschen in voller Bewußtlosigkeit oder mit stark gestörtem Bewußtseinszustand vor uns haben, so scheint uns eine aufs tiefste betroffene menschliche Seele, eine aufs äußerste gefährdete menschliche Persönlichkeit entgegenzuschreien: „Hilf mir, ich will leben!" Sie vermag dies nicht in Worte zu fassen. Doch lebendig ist in diesem schwerstgeschädigten Wesen das Streben, sich als Mensch zu verwirklichen, als Mensch angenommen und als Partner anerkannt zu werden. Die Entwicklung seiner Individualität ist ernsthaft bedroht, wenn sie nicht in die Kommunikation der Mitmenschlichkeit einbezogen wird.

Die Existenz schwerstbehinderter Menschen, die nicht nur in einzelnen Erfahrungs- und Aktionsmöglichkeiten eingeschränkt, sondern in der Entwicklung und in der Realisierung ihres gesamten komplexen Erlebens und Verhaltens schwer beeinträchtigt sind, stellt für den gesunden Menschen eine Herausforderung dar. Aus seinen eigenen Erfahrungen hat er keinen Zugang zu dieser fremden Erlebniswelt. Betroffenheit und Mitleid veranlassen ihn bestenfalls, nach Wegen zu suchen, wie er diesen Menschen helfen kann. Doch da er die Ursache in erster Linie im Versagen körperlicher, biotischer Funktionen vermutet, versucht er, diese unter Zuhilfenahme komplizierter technischer Apparaturen zu unterstützen und in Gang zu halten. Dies kann wichtig und für die Erhaltung der biotischen Funktionen von großer Bedeutung sein. Doch dies ist nicht alles.

Der Mensch ist vor allem ein „Ich", ein individuelles Wesen, eine Persönlichkeit, deren Entwicklung in der ihr gemäßen sozialen Umgebung wir in jeder Weise fördern müssen. Unter normalen Entwicklungsbedingungen ist dies weitgehend gesichert. Doch beim Vorliegen schwerer Störungen oder Schädigungen, die vor allem auch das Zentralnervensystem betreffen, sind hierfür dem Menschen angemessene, sozial orientierte Maßnahmen erforderlich. Wir müssen ihm helfen, seine ihm eigene Welt zu erschaffen bzw. wiederherzustellen und sie in aktiver Kommunikation in das soziale Zusammenleben mit anderen Menschen einzufügen. Dies erfordert aber das Verständnis für die besondere Lebenssituation und die besonderen Lebensbedürfnisse des schwerstgeschädigten Menschen. Mit der Einführung und Anwendung der Basalen Stimulation hat Prof. Andreas FRÖHLICH in den letzten 20 Jahren Grundlagen für das Verständnis dieser Zusammenhänge geschaffen und Wege für das besondere therapeutische Vorgehen bei derartigen schwerstbehinderten Menschen gewiesen.

Das vorliegende Buch stellt die neuesten neurowissenschaftlichen Erkenntnisse dar, die uns die Entwicklung des Menschen als ein soziales Wesen verständlich machen. Aus ihnen ergibt sich ein weitgehend neues Bild vom Menschen und seiner Entwicklung. Doch aus ihm werden zugleich wesentliche Schritte deutlich, die in der Basalen Stimulation erfolgreich angewandt werden. Die ursprünglich für den frühkindlichen Bereich entwickelte Basale Stimulation ist inzwischen auch bei der Behandlung schwerstgeschädigter erwachsener Personen, die sich in einem komatösen (bewußtlosen) Zustand befinden, erfolgreich eingesetzt worden. Die neurowissenschaftlichen Grundlagen beider Einsatzbereiche werden im vorliegenden Buch behandelt. Zwischen ihnen besteht ein enger Zusammenhang. Doch der Weg und die Zielstellung sind unterschiedlich.

Im frühkindlichen Bereich gilt es, die Voraussetzungen dafür zu schaffen, daß die angeborenen Ordnungsprinzipien der Hirnentwicklung sich trotz bestehender Störungen und/oder Schädigungen, soweit es möglich ist, richtig entfalten können. Das erfordert außer therapeutischen Maßnahmen vor allem Begleitung und Unterstützung der Eltern dieser Kinder. Sie bedürfen verständlicher Information, um trotz ihrer aktuellen Sorge um das Überleben und die weitere Entwicklung des Kindes und trotz der schwierigen Kommunikation und Interaktion mit dem behandlungsbedürftigen Kind Zuversicht und Hoffnung zu entwickeln. Die individuell angepaßte Anleitung zum Umgang mit ihrem Kind soll den unmittelbaren liebevollen Kontakt zu ihm vertiefen. Ärzte und Pflegende müssen für diese Begleitung qualifiziert werden.

Bei erwachsenen Patienten, die sich infolge einer Hirnschädigung in einem bewußtlosen Zustand befinden, hat die Ausreifung der Hirnfunktionen bereits stattgefunden. Doch ihre Nutzung ist gestört. In diesen Fällen gilt es, so früh wie möglich, d. h., sobald die vegetativen Lebensfunktionen des Betroffenen es erlauben, partielle Hirnfunktionen wieder zu aktivieren und funktionsfähig zu erhalten. Bewußtlosigkeit bedeutet keinesfalls Funktionsunfähigkeit der funktionellen Systeme des Gehirns. So kann ein bewußtloser Patient nach einer Operation sich nicht selten an das erinnern, was während der Operation gesprochen wurde. Doch die Nutzung ist zur Erhaltung der Hirnfunktionen und zu ihrer Wiederherstellung nach Schädigung nötig. Hierbei können Hinweise nahestehender Personen über die früheren Erfahrungen und Lebensgewohnheiten der betreffenden Persönlichkeit hilfreich sein. Unter Ausnutzung dieser Kenntnisse können dann Verfahren der Basalen Stimulation eingesetzt werden, um Wege zu den verschütteten oder zerrütteten höheren Hirnfunktionen des schwergeschädigten Menschen zu öffnen, bestehende Verbindungen zu erhalten und verloren gegangene – soweit es möglich ist – wiederherzustellen. Dies muß so früh wie möglich nach der Schädigung geschehen, da nicht genutzte Hirnfunktionen zugrundegehen.

Das Verständnis für die neurowissenschaftlichen Grundlagen dieser Zusammenhänge ist Vorausetzung für die Motivation und das richtige Vorgehen der Therapeuten. Es soll zugleich bei den betroffenen Eltern und den beteiligten Pflegepersonen die Einsicht wecken und festigen, daß bei der Betreuung schwerstgeschädigter Menschen ein besonders liebevolles und verständnisvolles Eingehen auf die Besonderheiten ihrer Lebenssituation und ihrer Lebensbedürfnisse erforderlich ist.

Der tiefe Schock, der bei den nahestehenden Verwandten und Bekannten durch die schwere Schädigung des Zentralnervensystems des Patienten entstanden ist, kann nur überwunden werden, wenn sie den gegenständlichen Inhalt des Aufschreis *„HILF MIR – ICH WILL LEBEN!“* in seinem Wesen verstehen und alles einsetzen, um dem betroffenen Menschen zu helfen.

„Was für uns als Menschen wirklich zählt, das ist unser subjektives inneres Leben – unsere Sinneserfahrungen, Gefühle, Gedanken und Willensentscheidungen."

BENJAMIN LIBET

1. Einführung und Aufgabenstellung

Das Leben des Menschen entwickelt und vollzieht sich in ständiger aktiver Auseinandersetzung mit seiner Umwelt. Die Realisierung der genetisch vorgegebenen, angeborenen Entwicklungsorientierung wird durch den speziellen Charakter der jeweiligen sozialen (kulturellen) Umwelt geprägt. Die dafür erforderlichen Voraussetzungen, das aktive Wahrnehmen und das aktive Handeln, sind innig miteinander verflochten. Ihr materielles Substrat ist das Nervensystem, wobei dem Zentralnervensystem mit dem Gehirn als oberster Instanz die steuernde und kontrollierende Funktion zukommt. Diese erstreckt sich gleichermaßen auf die körperlichen Vorgänge im Organismus, die psychischen Eigenschaften der Persönlichkeit und ihre sozialen Beziehungen in der gesellschaftlichen Umwelt als einem einheitlichen, aufeinander abgestimmten Prozeß. Die zentrale Steuerung und Kontrolle des Verhaltens können dem Menschen zum Bewußtsein kommen; sie vollziehen sich aber in den meisten Fällen in den variabel verschalteten Strukturen des Gehirns unbewußt.

Die Beziehungen des Organismus zu seiner Umwelt verlaufen äußerst dynamisch und sind die kompliziertesten Vorgänge, die wir kennen. Das Gehirn als Steuerungs- und Kontrollorgan bedarf der ständigen Zufuhr von Information aus dem eigenen Körper und aus seiner nahen und weiteren Umgebung. Die eingehende Information wird in dem neuronalen Netzwerk des Gehirns in vielfältigen, außerordentlich kompliziert verschalteten funktionellen Systemen verarbeitet, gespeichert und für die künftige Steuerung des Verhaltens bereitgestellt. Diese funktionellen Systeme unterliegen hochgradiger Variabilität, die sich im Laufe des individuellen Lebens in der weitgehend vom Zufall bestimmten Umwelt herausbildet. Die Informationsverarbeitung im neuronalen Netzwerk des Gehirns führt zur Entstehung von Vorstellungen, Erinnerungen, Planungen und unterschiedlichen Handlungen, die von Gefühlen und Emotionen begleitet werden.

Der Mensch verfügt über die Fähigkeit, sich an frühere Ereignisse zu erinnern, indem er sich in Gedanken gleichsam in die Vergangenheit zurückversetzt und die gleichen Ereignisse noch einmal erlebt. Er kann aber seine Gedanken auch in die Zukunft wandern lassen und aufgrund seiner Erfahrungen, seiner Wünsche und Hoffnungen künftige Ereignisse im voraus erleben. Die Grundlage dieser subjektiven Vorgänge sind die von der Situation und den Zielstellungen abhängigen dynamischen Verschaltungen im komplizierten Netzwerk unseres Gehirns. In ihm werden die Erlebnisse der Vergangenheit gespeichert und stehen in vielfältig wechselnden Formen für unser gegenwärtiges Handeln und für unsere Träume und Gedankenspiele zur Verfügung.

Diese hochkomplizierten Strukturen und funktionellen Schaltungen bilden sich im menschlichen Gehirn im Laufe der individuellen Ontogenese aus. Grundlage ist das ererbte angeborene Entwicklungsprogramm, das seine Potenzen in der Auseinandersetzung mit der aktuellen Umwelt entfaltet. Es enthält beim Menschen sowohl biotische als auch soziale Komponenten. Bei dieser Entfaltung auftretende Störungen und Fehler können infolge der hochgradigen Plastizität der Funktionen des Gehirns und der variablen Umweltbeziehungen des Organismus durch ständiges Üben, aktives Lernen und Erproben weitgehend ausgeglichen werden. Es können jedoch Situationen auftreten, in denen durch angeborene oder erworbene Schädigungen schwerste Störungen in den zentralen Steuer- und Kontrollfunktionen entstehen. Da in solchen Fällen auch die subjektiven Anteile der Persönlichkeit betroffen sind, kann sich der persönliche Kontakt zu solchen Personen nicht entwickeln, oder er ist – wie z. B. beim apallischen Syndrom – völlig unterbrochen.

Um die Entwicklung einer solchen schwerbehinderten Persönlichkeit fördern zu können bzw. den Kontakt zu ihr wiederherzustellen, bedarf es detaillierter Kenntnisse über den Aufbau und die Funktionen des menschlichen Gehirns und seine Entwicklung im individuellen Leben.

Dabei müssen wir unterscheiden zwischen

- der Frühentwicklung des menschlichen Gehirns, bei der diese funktionellen Systeme erst ausgebildet werden (pränatale, postnatale und frühkindliche Entwicklung) und
- den Störungen, die beim voll entwickelten Gehirn infolge einer Erkrankung oder einer schweren traumatischen Schädigung auftreten und über längere Zeit anhalten.

Die funktionellen Systeme im neuronalen Netzwerk des Gehirns entwickeln sich und bleiben in ihrer vielfältigen Variabilität nur erhalten, wenn sie immer wieder aktiviert und genutzt werden. Die von Andreas FRÖHLICH vor nunmehr über 20 Jahren entwickelte Methode der Basalen Stimulation ist der richtige Leitweg, um solche Störungen gezielt zu beheben bzw. zu vermindern. Die von ihm und seinen Mitarbeitern in der Praxis angewandten Methoden haben in vielen Fällen zu positiven Ergebnissen geführt. Die neurowissenschaftlichen Grundlagen für den Einsatz der Basalen Stimulation sollen im vorliegenden Buch dargelegt werden.

2. Was verstehen wir unter Neurowissenschaft?

Die Neurowissenschaft beschäftigt sich mit den Funktionsabläufen des Nervensystems, insbesondere des Zentralnervensystems, und den vom Gehirn gesteuerten und kontrollierten Wechselbeziehungen zwischen Organismus und Umwelt. Dabei wird davon ausgegangen, daß der Organismus in all seinen Funktionen eine integrative Einheit darstellt.

Beim Menschen bedeutet dies die Berücksichtigung der Tatsache, daß er eine neue, höhere Stufe der Evolution erreicht hat, die über qualitativ völlig neue Eigenschaften, die psychischen Funktionen und sozialen Beziehungen, verfügt. Wenn Störungen in den psychischen Funktionen und/oder in den sozialen Beziehungen des Menschen auftreten, ist der Beobachter versucht, die Ursachen allein in Veränderungen der physikalisch-chemischen Abläufe und der Strukturen im Organismus zu suchen und den betroffenen Menschen nur als ein biotisches Objekt zu betrachten und zu behandeln. Dies ist ein großer Fehler. Denn in dem genetisch vorgegebenen Entwicklungsprogramm des Menschen gibt es keine isolierten, rein biotischen Entwicklungstendenzen, sondern diese sind – genetisch vorgeprägt – auf die Entwicklung einer menschlichen Persönlichkeit angelegt.

Im Laufe der Entwicklung auftretende schwere Störungen oder Schädigungen jener Hirnstrukturen, in denen sich die höheren psychischen Funktionen des Menschen abspielen, erfordern zur partiellen oder vollen Wiederherstellung die gezielte Einbeziehung sozial-kommunikativer Fördermaßnahmen. Denn in dem geschädigten Funktionssystem des menschlichen Gehirns sind die hochkomplexen biotischen Systeme nicht in der Lage, das Umweltverhalten ohne soziale Bezugskomponenten wieder zu stabilisieren, und der Zugang über die soziale Beziehung stellt einen wichtigen Ansatzpunkt für die Wiederherstellung der schwer geschädigten Gesamtbeziehungen dar. Da die psychische (mentale) Bezugsebene aber durch die besonders komplizierten Verschaltungen im Repräsentationssystem des menschlichen Gehirns zustandekommt und nur durch ständige Betätigung erhalten bleibt, kann jede Verzögerung frühzeitiger sozial-kommunikativer Hilfe verhängnisvoll sein und die – wenn auch nur partielle – Wiederherstellung der gestörten höchsten Hirnfunktionen in Form der individuellen Persönlichkeit unmöglich machen.

Das Verständnis für die Bedeutung und den gezielten Einsatz der Basalen Stimulation erfordert tiefere neurowissenschaftliche Kenntnisse über das Wesen und die Entwicklung der menschlichen Persönlichkeit sowie die Entstehung und Stabilisierung der Organismus-Umwelt-Beziehungen des Menschen. Um dies zu vermitteln, werden im vorliegenden Buch folgende Problemkreise behandelt:

- ❑ *Aufbau und Funktion des menschlichen Gehirns als dem zentralen Steuer- und Kontrollorgan des Menschen.*
- ❑ *Die Entfaltung des genetischen Potentials des Menschen unter den epigenetischen Bedingungen seiner Entwicklung.*
- ❑ *Neurowissenschaftliche Überlegungen zu den Ansatzpunkten der Basalen Stimulation.*

3. Aufbau und Funktion des Zentralnervensystems, insbesondere des Gehirns

Das Nervensystem breitet sich über den gesamten Körper aus und hat die Aufgabe, die verschiedenen Zellgruppen und Organe des Organismus miteinander zu verbinden und ihre Funktionen aufeinander abzustimmen. Bei der Realisierung dieser Aufgabe spielen spezifische chemische Substanzen als Transmitter (Überträgersubstanzen) und als Hormone, die vom Zentralnervensystem (ZNS) oder von speziellen Organen in der Peripherie abgesondert werden, eine wichtige Rolle.

Die Steuerung des gesamten Nervensystems erfolgt vom Zentralnervensystem aus. Das ZNS besteht in aufsteigender Reihenfolge aus dem Rückenmark, dem verlängerten Mark, der Brücke, dem Kleinhirn, dem Mittelhirn, dem Zwischenhirn und dem Großhirn (Abbildung 1). Diese einzelnen Anteile des ZNS haben sich in der Phylogenese in der aufgeführten Reihenfolge entwickelt. Sie sind zwar hierarchisch aufgebaut, arbeiten aber stets in wechselnden Verschaltungen ihres außerordentlich komplizierten neuronalen Netzwerkes als Einheit zur Aufrechterhaltung und Durchsetzung lebenswichtiger Funktionen des Organismus in seiner Umwelt zusammen. Zu ihren Aufgaben gehören: die abgestimmte Zusammenarbeit (Homöostase) zwischen den inneren Organen des Organismus, die Sicherung des Körpergleichgewichts im Raum und die zielgerichtete Durchführung der Wechselwirkungen des Organismus mit seiner Umwelt. Beim Menschen gehört hierzu auch die Herstellung der sozialen Kommunikation als einem lebenswichtigen immanenten Bestandteil seines Wesens. Die Voraussetzungen für die Realisierung dieser Aufgaben entstehen im Laufe der Entwicklung des Individuums und seiner aktiven Auseinandersetzung mit der Umwelt.

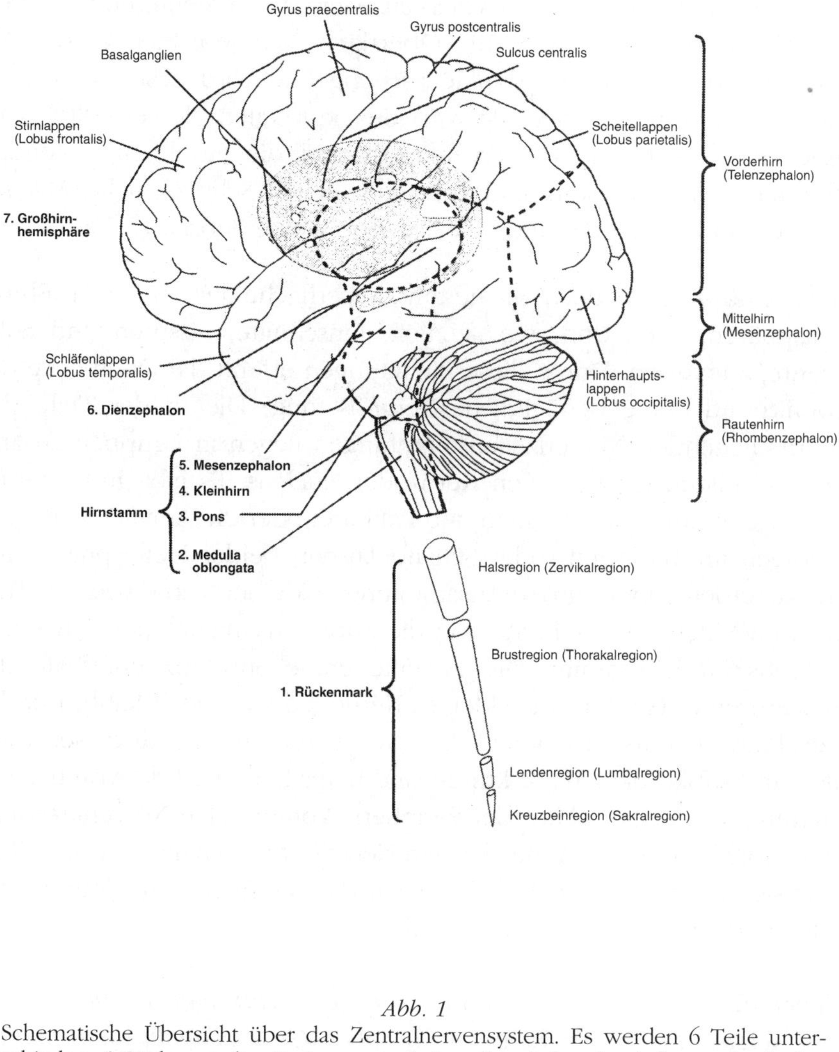

Abb. 1

Schematische Übersicht über das Zentralnervensystem. Es werden 6 Teile unterschieden: **1** Rückenmark mit einem zervikalen, thorakalen, lumbalen und sakralen Anteil. **2** bis **5** Hirnstamm mit Medulla oblongata (verlängertem Mark), Pons (Brücke), Kleinhirn, Mittelhirn (Mesenzephalon). **6** Dienzephalon (Zwischenhirn) mit Hypothalamus und Thalamus. **7** Großhirn mit den Basalganglien und den Großhirnhemisphären. Die im Inneren des Gehirns liegenden Strukturen sind durch Schattierung bzw. gestrichelte Linien markiert.

Die höchste und stürmischste Entwicklung hat beim Menschen die Großhirnrinde mit den ihr unmittelbar anliegenden Gebieten erfahren. Sie wird auch als Kortex bezeichnet. Ihre etwa 3 Millimeter dicke Oberfläche besteht in erster Linie aus Nervenzellen, die in mehreren Schichten parallel zueinander und zur Oberfläche angeordnet sind. Die Großhirnrinde besitzt eine dunkle Färbung und wird deshalb auch als graue Substanz bezeichnet. Die von den kortikalen Nervenzellkörpern ausgehenden (efferenten) Nervenfasern und die zu ihnen laufenden (afferenten) Nervenfasern sind von einer hellen Schutzschicht (Myelin) umgeben und bilden die unter ihr liegende weiße Substanz.

Die Großhirnrinde bedeckt die gesamte Oberfläche der beiden Großhirnhemisphären, auch dort, wo sie tiefe Einschnitte, Fissuren und Sulci genannt, aufweisen. Durch diese Einfaltungen erfährt die Oberfläche der Großhirnrinde eine beträchtliche Vergrößerung. Die in der Tiefe des Gehirns liegenden Nervenzellansammlungen liegen in Gruppen zusammen und bilden jeweils einen Kern oder Nucleus. Es gibt große Kerne wie Nucleus caudatus, Putamen und Pallidum oder die Amygdala, die tief verborgen im Temporal- oder Schläfenlappen beider Hemisphären liegen. Außerdem gibt es große Ansammlungen kleiner Kerne wie den Thalamus und kleine Einzelkerne wie die Substantia nigra oder den Locus coeruleus im Hirnstamm. Die gesamte graue Substanz unterhalb der Großhirnrinde (große und kleine Kerne sowie die Kleinhirnrinde) bezeichnet man als subkortikal. Die Nervenzellfortsätze all dieser kortikalen und subkortikalen Strukturen sind unter Einschluß der von tieferen Strukturen des ZNS und aus der Peripherie kommenden Nervenfasern zu einem hochkomplizierten neuronalen Netzwerk verschaltet, das in selbstorganisierenden funktionellen Systemen die zentralen Steuer- und Kontrollfunktionen im Organismus ausführt.

Beim Menschen haben die komplexen Verschaltungen im neuronalen Netzwerk des Gehirns einen so hohen Grad erreicht, daß er die Fähigkeit besitzt, Vorstellungen zu erzeugen und sie in einem Prozeß zu ordnen, den wir als Denken bezeichnen. Von dieser subjektiven Ebene aus ist er in der Lage, seine Handlungen einzuschätzen, weitere Handlungen zu planen und die nächsten Handlungen zu bestimmen.

3.1. Die Bauelemente des ZNS und ihre Verknüpfungen

Die wichtigsten Bauelemente des ZNS sind die Nervenzellen (Neurone), die Gliazellen sowie die für seinen Stoffwechsel erforderlichen Blutgefäße. Die Funktion der Informationsleitung, Informationsverarbeitung und Informationsspeicherung wird von den Nervenzellen ausgeführt. Die Information wird in Form von bioelektrischen Impulsen längs der Nervenzellmembran geleitet. Die zur Nervenzelle hin geleiteten Impulse werden als afferente Impulse bezeichnet, die von der Nervenzelle aus übertragenen Impulse als efferente Impulse. Die Gliazellen erfüllen in erster Linie Stütz-, Ernährungs- und Isolierungsfunktionen für die Nervenzellen. Sie bilden um die Axone die oben erwähnte Schutzschicht (Myelinscheiden). Jede Nervenzelle besteht aus einem Zellkörper und einer unterschiedlichen Anzahl von Zellfortsätzen mit zahlreichen Verzweigungen (Abbildung 2).

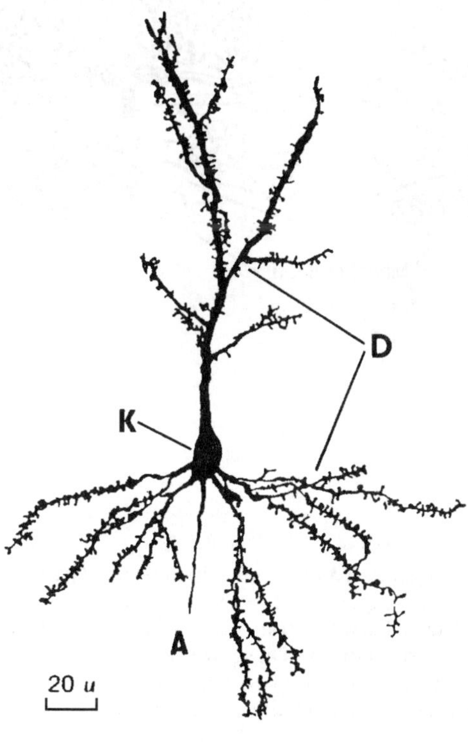

Abb. 2

Nervenzelle mit Nervenzellkörper **(K)**, Axon **(A)** und zahlreichen Dendriten **(D)**. Das Axon leitet die Nervenerregung zu anderen Zellen. An den unterschiedlich stark verzweigten Dendriten und am Nervenzellkörper enden die Axonverzweigungen anderer Nervenzellen. Die Erregungsübertragung erfolgt an den Dendriten und am Nervenzellkörper über Synapsen.

Einer dieser Zellfortsätze, das Axon, leitet die Erregung der Nervenzelle als efferenten Impuls zu anderen Zellen (Nervenzellen, Muskelzellen, Hormonzellen u. a.). Die übrigen Zellfortsätze, die Dendriten, empfangen afferente Nervenerregungen von anderen Nervenzellen. Die Erregungsübertragung von Zelle zu Zelle erfolgt in den Synapsen durch die Freisetzung biochemischer Substanzen (Abbildung 3).

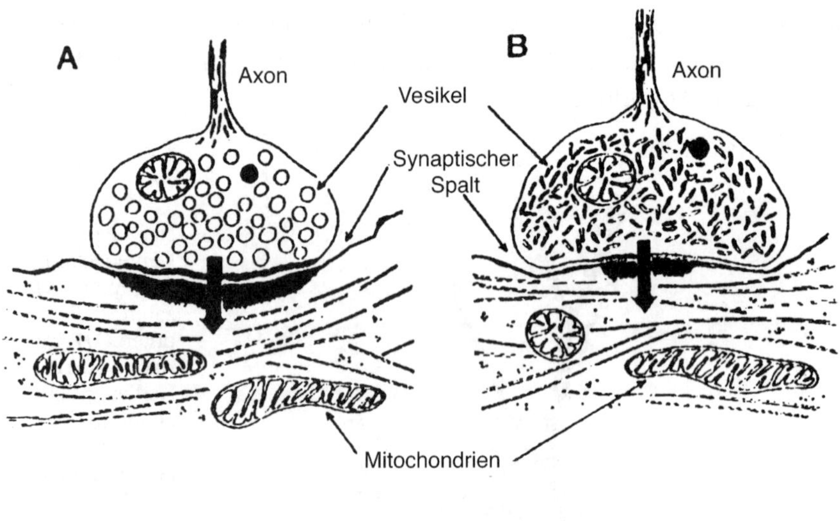

Abb. 3

Erregungsübertragung über eine erregende **(A)** und eine hemmende **(B)** Synapse. Die Axonendigung ist von der Dendritenmembran durch einen synaptischen Spalt getrennt. Die Axonendigung enthält in winzigen Bläschen (präsynaptischen Vesikeln) erregende **(A)** bzw. hemmende **(B)** Überträgersubstanzen. Diese werden beim Eintreffen einer Erregung in den synaptischen Spalt abgegeben und lösen an der postsynaptischen Membran ein erregendes oder hemmendes postsynaptisches Potential aus.

Da die Nervenimpulse sich über die Nervenfasermembran durch biochemische Molekülveränderungen ausbreiten, erfolgt ihre Weiterleitung mit einer relativ langsamen Geschwindigkeit (etwa 1–100 m/sec). Hinzu kommen weitere Verzögerungen durch die Ausschüttung der Überträger-(Transmitter-)Substanzen an den Synapsen. Die an der Synapse als bioelektrischer Impuls eintreffende Nervenerregung führt durch die Freisetzung spezifischer Überträgersubstanzen, die den synaptischen Spalt überqueren, zu Veränderungen des Erregungszustandes an der postsynaptischen Membran. Wir unterscheiden erregende und hemmende Synapsen (im Verhältnis 4:1) mit erregenden und hemmenden Überträgersubstanzen. Überschreitet die Summe der erregenden Impulse eine bestimmte Schwelle, so erzeugt die Nervenzelle einen neuen elektrischen Impuls, der über das Axon und seine Verzweigungen weitergeleitet wird. Die hemmenden Impulse setzen die Erregbarkeit der Nervenzellmembran herab.

Nach unseren heutigen Kenntnissen besteht das Gehirn des Menschen aus mehr als 100 Milliarden Nervenzellen, von denen jede bis zu 30.000 Synapsen besitzt. Dies ermöglicht eine unendliche Vielzahl von Vernetzungen, die sich im Laufe des Lebens ausbilden und verändern. Es erhebt sich damit die Frage, wie die Funktionen, die das Gehirn ausführt, in diesem komplizierten Netzwerk lokalisiert sind. Schon LURIJA (1970, 1973) stellte aufgrund seiner umfangreichen Untersuchungen an hirngeschädigten Patienten fest, daß einzelne Gebiete der Hirnrinde zwar in der Lage sind, elementare Einzelfunktionen auszuführen (Hören bestimmter Laute, Sehen von Konturen, einzelne Tastempfindungen), daß aber die Realisierung der komplizierten umweltbezogenen Funktionen stets durch die gemeinsame Aktion zahlreicher über beide Großhirnhemisphären verteilter Rindenregionen erfolgt. Wenn wir einen Gegenstand sehen, so liegt dem die gekoppelte Aktivierung eines weit verstreuten Informationsnetzes zugrunde, dessen Aktivierungsmuster ganz unterschiedlich ist, je nachdem, in welchem Zusammenhang wir diesen Gegenstand sehen, was er für uns bedeutet und was wir mit ihm vorhaben. Wir bezeichnen diese Erscheinung als „mentale Repräsentation" und werden im Kapitel 7 näher auf ihr Wesen, ihre Entstehung und ihre Bedeutung eingehen.

Die häufig gebrauchte Bezeichnung „Widerspiegelung der Umwelt in unserem Gehirn" ist auf jeden Fall irreführend. Im Gehirn findet niemals eine passive Punkt-zu-Punkt-Abbildung wie in einem Spiegel statt. Vielmehr erzeugt unser Gehirn in der aktiven Auseinandersetzung mit unserer Umwelt eine innere Vorstellung von dieser Welt, die von unseren Erfahrungen, Empfindungen und Absichten abhängig ist. Es ist deshalb nicht erstaunlich, daß die Vorstellung von der Welt bei den verschiedenen Menschen große Unterschiede aufweist. Diese Unterschiede sind durch die genetische Vorgabe, die individuellen Erfahrungen und die kulturellen Lebensbedingungen der Gemeinschaft, in der der betreffende Mensch aufgewachsen ist und lebt, bedingt.

Die Schweizer Pädagogin FÉLICIE D. AFFOLTER (1987, 1991) hat dies ganz richtig erkannt. Aufgrund ihrer umfangreichen pädagogischen Erfahrungen mit der aktiven schöpferischen Tätigkeit des Kindes diskutiert sie in der englischsprachigen Ausgabe ihres deutschen Buches „Wahrnehmung, Wirklichkeit und Sprache" die Frage der Übersetzung des Wortes „Wirklichkeit". Sie kommt zu dem Schluß, daß es ein sinngemäß gleichbedeutendes Wort im Englischen nicht gibt. Die Übersetzung durch das Wort „reality" lehnt sie ab. Dieses Wort ist von dem lateinischen Wort „res" = „Ding" abgeleitet. Die Umwelt existiert aber für das Kind nicht als ein objektives „Ding". Vielmehr erschafft das Kind seine Umwelt erst durch die aktive motorisch-sensorische und kognitive Auseinandersetzung mit ihr. Es eignet sich die Kenntnisse über die Umwelt an, indem es auf sie „einwirkt". Deshalb behält AFFOLTER in der englischen Ausgabe ihres Buches das deutsche Wort „Wirklichkeit" bei.

Die Nervenzellen haben als wichtigste Elemente des Nervensystems die Aufgabe, gemeinsam mit bestimmten biochemischen Substanzen (Hormonen) die funktionelle Einheit des Organismus zu sichern. Im Zentralnervensystem und seinem höchsten Anteil, dem Gehirn, vereinigen sie sich zu einem hochkomplizierten Netzwerk, das die Informationen aus dem Inneren des Organismus und aus der Umwelt speichert, eine subjektive Vorstellung vom eigenen Organismus in seiner Umwelt entstehen läßt und durch die aktive Tätigkeit des Organismus sein Überleben sichert.

3.2. Beziehungen zwischen Gehirn und Körper

Zwischen dem Gehirn und dem Körper bestehen ständige wechselseitige neuronale und biochemische Verbindungen. Sie haben sich auf der Grundlage des genetischen Programms in variabel angepaßter Form ausgebildet und sichern die aktiven Beziehungen des Organismus zu seiner Umwelt. Der erste Verbindungsweg läuft über die efferenten und afferenten Nerven des peripheren Nervensystems. Sie senden vom neuronalen Netzwerk des Gehirns Signale in jeden Körperbereich und aus jedem Körperbereich Signale in das neuronale Netzwerk des Gehirns, wo sie über komplizierte Verschaltungen höhere Systemfunktionen auslösen und unterhalten. Der zweite Verbindungsweg besteht über den Blutkreislauf und ist phylogenetisch älter. Auf ihm werden chemische Signale wie Hormone, Neurotransmitter und Neuromodulatoren befördert.

DAMASIO (1997) faßt die komplizierten, unauflöslichen Wechselbeziehungen zwischen Körper und Gehirn in folgenden vier Punkten zusammen:

> „1. Fast jeder Körperteil, jeder Muskel, jedes Gelenk und jedes innere Organ kann über die peripheren Nerven Signale zum Gehirn schicken. Diese Signale treten auf der Höhe des Rückenmarks oder des Hirnstamms ins Gehirn ein und werden dort von einer neuronalen Umschaltstation zur anderen in die somatosensiblen Rindenfelder des Parietallappens und der Inselregionen befördert.
>
> 2. Chemische Stoffe, die durch Körperaktivität erzeugt werden, können das Gehirn über den Blutkreislauf erreichen und die Funktionsweise des Gehirns entweder direkt oder durch die Aktivierung bestimmter Hirnregionen wie etwa des Subfornikalorgans beeinflussen.
>
> 3. In entgegengesetzter Richtung kann das Gehirn durch die Nerven auf alle Teile des Körpers einwirken. Träger dieser Wirkung sind das autonome (viszerale) und das muskulo-skelettale (willkürliche) Nervensystem. Die Signale für das autonome Nervensystem entstehen in den evolutionär älteren Regionen (der Amygdala, dem Gyrus cinguli, dem Hypothalamus und dem Hirnstamm), während die Signale für das muskulo-skelettale System in einigen motorischen Rindenfeldern und subkortikalen motorischen Kernen von unterschiedlichem evolutionärem Alter produziert werden.

4. Außerdem entfaltet das Gehirn seine Wirkung durch die Herstellung oder durch die Befehle zur Herstellung chemischer Stoffe, die in den Blutkreislauf ausgeschüttet werden – dazu gehören Hormone, Transmitter und Neuromodulatoren."

Die genetische Anlage entfaltet ihre Potenzen durch Zellteilungen, Zelldifferenzierung und im Gehirn durch die Bildung eines neuronalen Netzwerkes zwischen den auswachsenden Fortsätzen der Nervenzellen. Die Vorstufen der Nervenzellen, die Neuroblasten, vermögen sich nur bis zur Geburt des Fetus zu teilen. Da die funktionelle Kontaktaufnahme und der Vernetzungsvorgang der Nervenzellen den weitgehend zufallsabhängigen Regeln der Selbstorganisation unterliegt, müssen im Laufe der 270 Schwangerschaftstage im Gehirn etwa 200 Milliarden Nervenzellen gebildet werden, damit die bei der Geburt benötigten 100 Milliarden zur Verfügung stehen. Dies bedeutet, daß während der gesamten Schwangerschaft im Gehirn des Fetus im Durchschnitt pro Minute fast eine halbe Million Nervenzellen gebildet werden müssen, von denen etwa die Hälfte in eine Funktionsaufnahme einbezogen wird. Die Richtung dieser Funktionsaufnahme und ihrer koordinierten Weiterentwicklung wird durch das genetische Programm vorgegeben. Die übrigen Neuroblasten gehen zugrunde.

Die strukturell-funktionelle Einheit Gehirn-Körper sichert die Existenz des Organismus in der ständigen aktiven Auseinandersetzung mit seiner Umwelt.

Wesentlich für die Entstehung und Existenz des Individuums ist, daß die Ausbildung der neuronalen Vernetzungen im Gehirn im Laufe der Ontogenese nach einem vorgegebenen Plan erfolgt. Dieser Plan ist in dem ererbten genetischen Programm vorhanden. Er enthält die in der Evolution entstandenen Ordnungsprinzipien, die entsprechend den gegebenen Bedingungen als Grundorientierung in der vorhandenen Umweltsituation aktiv durchgesetzt werden. Da die Umweltbedingungen des Organismus weitgehend zufällig sind, werden die Ordnungsprinzipien des genetischen Programms unterschiedlich realisiert. Die durch Wiederholung stabilisierten Verhaltensformen weisen deshalb eine große Variationsbreite auf.

3.3. Beziehungen zwischen Organismus und Umwelt

Die Beziehungen des Organismus zu seiner Umwelt stellen einen aktiven Vorgang dar. Dieser Vorgang beginnt mit der Befruchtung der Eizelle und setzt sich bis zum Ende des Lebens fort. Die Steuerung dieses Entwicklungsprozesses erfolgt von dem genetischen Programm aus, das sich im Laufe der Evolution so entwickelt hat, daß es den zu erwartenden Umweltbedingungen des Organismus angepaßt ist. Beim Menschen ist dieses Programm von vornherein so angelegt, daß sich auch sozial orientierte Funktionssysteme ausbilden. Dies bedeutet, daß sich die ausreifenden biotischen Partialsysteme in ihrer Wechselwirkung vom ersten Augenblick der menschlichen Existenz an so entwickeln, daß die Voraussetzungen für die Entstehung der sozialen Kommunikation, des Denkens und Sprechens und der bewußten Orientierung und Handlungsplanung entstehen.

Die aktive Durchsetzung des Organismus (O) in seiner Umwelt (U) ist in der Abbildung 4 schematisch wiedergegeben. Der aus zwei Linien bestehende Halbkreis markiert die Außenfläche des Organismus. Dieser wirkt aktiv (Pfeil) auf seine Umwelt ein, indem er auftretende Probleme überwindet. Dies können aktive Vorgänge der Selbsterhaltung im biotischen Bereich sein, z. B. Abwehrvorgänge gegen schädliche physikalische (ph) und chemische (ch) Einwirkungen und immunologischer Schutz gegen körperfremde Proteine und Krankheitserreger (N–SE = Nicht-Selbst). Oder der Organismus setzt sich durch aktive Handlungen (H) im sozialen Umfeld durch. Dies erfolgt durch Nahrungszufuhr (N), durch die gezielte Reaktion auf physikalisch-chemische Reize (ph-ch), die auf Sinnesrezeptoren (R) unterschiedlicher Modalität einwirken, und durch die Auseinandersetzung mit sozialen (soz) Einwirkungen. Alle diese aktiven Handlungen und Antwortreaktionen des Organismus werden vom Zentralnervensystem aus gesteuert und in ihrer Wirkung kontrolliert. Diese zentrale Kommandoinstanz im Organismus empfängt und verarbeitet die eingehende Information und bildet auf ihrer höchsten Organisationsstufe eine mentale Repräsentation (mR) über den Zustand des eigenen Organismus und der gegenwärtigen Umweltsituation. Diese inneren, hochorganisierten Vorgänge erfolgen zum großen Teil unbewußt zur Sicherung des biotischen Selbst (Se), sind aber auch die Grundlage für das Entstehen einer bewußten Vorstellung mit Einschätzung und Wertung der eigenen Persönlichkeit (Ich). Das in der Evolution entstandene genetische Programm (g) steuert die Entwicklung des Organismus und seine aktive Auseinandersetzung mit der Umwelt. Es besteht aus gesetzmäßigen Ordnungsprinzipien, schreibt aber keine determinierte Entwicklung vor. Vielmehr gibt es nur die Grundprinzipien der Entwicklung an. Ihre Realisierung erfolgt in der Ontogenese durch das Zusammentreffen mit den zufälligen Umweltbedingungen. Man bezeichnet diese zusätzlichen Einflußfaktoren als epigenetisch (e). Sie sind für die Feinausprägung des genetischen Programms obligatorisch und können in einem begrenzten Umfang vom Menschen beeinflußt werden.

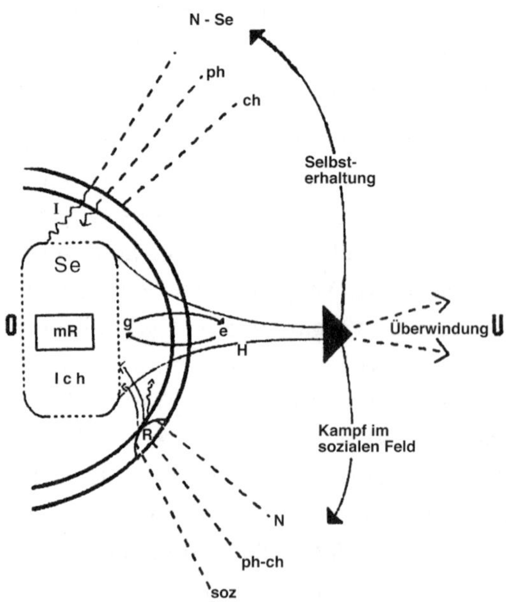

Abb. 4

Schematische Darstellung der aktiven Beziehung des Organismus **(O)** zur Umwelt **(U)** als selbstorganisierendes System. Die aktive Beziehung entwickelt sich auf genetischer Grundlage **(g)** durch epigenetische **(e)** Einflüsse. **H** Handlungen. Im Gehirn des Menschen befindet sich die mentale Repräsentation der Umwelt und der inneren Bedingungen des Organismus **(mR).** Sie kommt in der objektiven Selbstidentifikation **(Se)** und im subjektiven Selbstbewußtsein **(Ich)** zum Ausdruck. Die Umwelteinwirkungen sind physikalischer **(ph)** und chemischer **(ch)** Natur und lösen über Fremdsubstanzen **(N-Se)** Immunreaktionen **(I)** aus. Nahrungsstoffe **(N)** werden zur Erhaltung des Organismus aufgenommen, und auf die Rezeptoren **(R)** wirken physikalisch-chemische **(ph-ch)** und soziale **(soz)** Einflüsse ein.

Beim Menschen entstehen durch die komplexen dynamischen Verschaltungen in dem unermeßlich großen Netzwerk seines Gehirns neue, höhere Formen selbstorganisierender funktioneller Systeme, die in Form innerer Vorstellungen (mentaler Repräsentationen) gänzlich neuartige Dimensionen des Umweltverhaltens erschließen. Durch die Fähigkeit, hochdifferenzierte Werkzeuge zu entwickeln, abstrakte Vorstellungen zu bilden, sie in der Umwelt als Bilder, Symbole und Zeichen zu speichern und dadurch die Kommunikation zu anderen Menschen unermeßlich zu erweitern, bilden sich beim Menschen selbstorganisierende gesellschaftliche (soziale) Systeme, in die sein Verhalten vom Beginn seiner Existenz an eingebunden ist.

Diese neue funktionelle Organisationsstufe der Umweltbeziehungen des Menschen prägt die Ausbildung und die Existenz der menschlichen Persönlichkeit. Beim Auftreten von Störungen und Schädigungen müssen wir dies berücksichtigen. Selbst bei starker Schädigung und beim Ausfall großer Teile der neuronalen funktionellen Systeme im Gehirn bleibt der Schwerstgeschädigte aber immer noch ein Mensch. Wir müssen alles tun, die Funktionsfähigkeit der verbliebenen Teile seines neuronalen Netzwerkes im Gehirn zu erhalten und das Netzwerk, soweit es irgend möglich ist, wiederherzustellen. Dabei spielen die sozialen Elemente seiner Umweltbeziehungen eine entscheidende Rolle, weil er über sie in seinem eigentlichen Wesen angesprochen und innerlich aktiviert wird.

3.4. Informationsaufnahme, Informationsspeicherung und Informationsverarbeitung

Die afferenten Impulse der verschiedenen Sinnesmodalitäten werden von den Sinnesorganen aus über getrennte Leitungsbahnen zum Gehirn geleitet. Sie enden dort in primären sensorischen Rindenfeldern, die in der Okzipitalrinde (Sehen), der Temporalrinde (Hören) und der Parietalrinde (Körperempfinden) liegen. Die phylogenetisch älteren primären Zentren des Geruchs- und Geschmackssinns liegen im basalen (unteren) Teil der Hirnrinde.

Die Leitung der afferenten Impulse und die Übermittlung ihrer Information ist jedoch kein einfacher Vorgang. Schon auf dem Wege zur Hirnrinde finden mehrere Umschaltungen statt. Innerhalb der Hirnrinde gibt es für jede Sinnesmodalität nicht nur ein einziges Projektionsgebiet, sondern es sind stets mehrere, in denen unterschiedliche Informationsanteile verar-

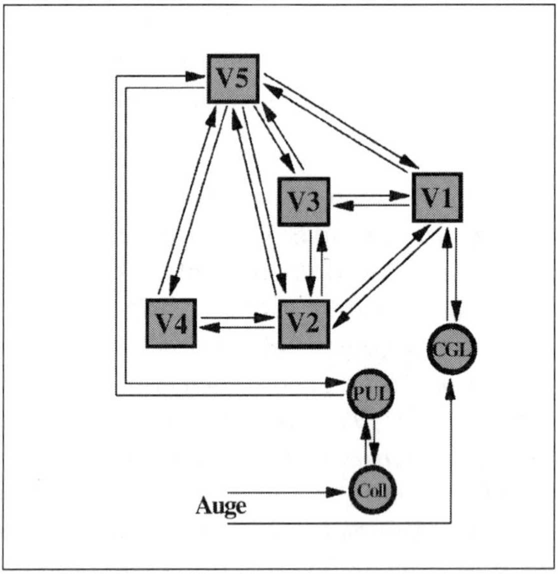

Abb. 5

Vereinfachte schematische Darstellung der wechselseitigen Verbindungen zwischen der „frühen Sehrinde" des Menschen **(V1, V2, V3, V4, V5)** und drei mit dem Sehsystem verbundenen subkortikalen Strukturen: Corpus geniculatum laterale **(CGL)**, Colliculus superior **(Coll)** und Pulvinar **(PUL)**. Die Efferenzen dieses Systems laufen parallel von vielen Teilelementen **(V4, V5 usw.)** in kortikale und subkortikale Bereiche. Näheres s. Text (DAMASIO 1997).

beitet werden. Zwischen den einzelnen Projektionsstationen bestehen vielfältige, vorwärts und rückwärts gekoppelte Wechselbeziehungen. Dies sei am Beispiel des Sehens näher erläutert (Abbildung 5).

Die vom Auge ausgehende Information wird über zwei verschiedene subkortikale Strukturen in die Großhirninde geleitet: über den seitlichen Kniehöcker (Corpus geniculatum laterale = CGL) des Thalamus zum primären visuellen Projektionsfeld in der Okzipitalrinde und über den Colliculus superior (Coll) des Mittelhirns über den ebenfalls zum Thalamus gehörenden Pulvinar zu der im Okzipitalhirn weiter frontal gelegenen visuellen Area V5.

Es existiert also erstens eine Projektion visueller Information über mehrere hintereinander geschaltete Hirnregionen; die vielfache Rückkopplung des Informationsflusses zwischen diesen verschiedenen Rindenregionen weist darauf hin, daß hier eine Informationsverarbeitung stattfindet. Tatsächlich haben detaillierte Untersuchungen ergeben, daß in keiner dieser Regionen eine Gesamtwahrnehmung des gesehenen Bildes erfolgt. Vielmehr werden durch die speziellen wahrgenommenen Merkmale des gesehenen Objekts - Kontur, Helligkeit, Bewegung, Anordnung im Raum, Farbe – unterschiedliche Gruppen von Rindenneuronen aktiviert, und erst aus ihrer gemeinsamen Verschaltung ergibt sich die subjektiv wahrgenommene ganzheitliche Vorstellung. Das gesehene Bild entsteht somit erst durch das Zusammenwirken unterschiedlicher funktioneller Anteile des visuellen Systems. Ihr einheitliches Endprodukt wird in die Assoziationsrinde eingegeben, mit Eingängen aus anderen Sinneskanälen multimodal verschaltet und steht damit für die Einbeziehung in höhere differenzierte Funktionskreise (Denken, Sprache, probabilistische Handlungsprogrammierung, Handlungsanweisung) zur Verfügung.

Der visuelle Weg über den Colliculus superior und den Pulvinar erfüllt demgegenüber eine ganz andere, elementarere Aufgabe. Es gibt Erkrankungen, bei denen der visuelle Weg über die primäre Sehrinde (V1) zerstört ist und nicht aktiviert werden kann. Derartige Personen sind nicht in der Lage, gesehene Gegenstände zu erkennen, sich von ihnen eine Vorstellung zu bilden und sie in ihr Entscheidungs- und Handlungsgefüge einzubeziehen. Sie behalten aber die Fähigkeit, auf den nicht bewußt gesehenen Gegenstand zu reagieren. Sie sind in der Lage, eine (nicht bewußt gesehene) Säule zu umgehen oder eine (nicht bewußt gesehene) Tasse zu ergreifen. Man spricht in diesem Falle von „Blindsehen" (WEISKRANTZ 1986). Das Objekt wird dabei also in ganz undifferenzierter Weise wahrgenommen, vermag die Handlungen zu beeinflussen, wird aber nicht der bewußten Wahrnehmung zugänglich.

Afferente Sinnesreize können somit in ganz unterschiedlicher Weise in die Informationsverarbeitung und -auswertung des neuronalen Netzwerkes einbezogen werden. Wir müssen uns darüber im klaren sein, daß wir über die detaillierte Informationsverarbeitung in den neuronalen Netzwerken noch sehr unzureichend Bescheid wissen. Eines ist klar: Die einzelne Nervenzelle übt im Gehirn keine isolierte Funktion aus, sondern wird nur in funktionellen Gruppen, in Zellensembles, wirksam. Darauf hat bereits HEBB (1949) hingewiesen. Eine wichtige Rolle spielt dabei die Tatsache, daß die gleiche Nervenzelle (oder Nervenzellgruppe) zur Spei-

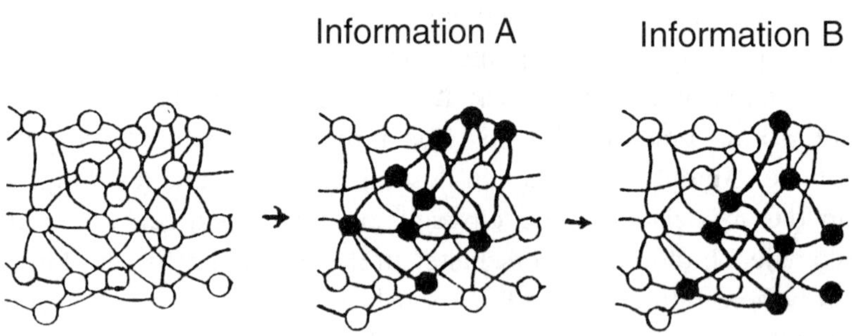

Abb. 6
Die miteinander verbundenen Nervenzellen bzw. Nervenzellgruppen werden in dem neuronalen Netzwerk (links) je nach der zu lösenden Aufgabenstellung in unterschiedlicher Weise gemeinsam aktiviert (schwarze Kreise). Dabei können bei der Verarbeitung unterschiedlicher Informationen (**A** und **B**) die gleichen Nervenzellen bzw. Nervenzellgruppen in den Aktivierungsprozeß einbezogen werden.

cherung unterschiedlicher Information in unterschiedliche Neuronenensembles einbezogen werden kann (Abbildung 6).

Die funktionelle Verbindung zwischen den in eine derartige gemeinsame Funktion einbezogenen Nervenzellen wird durch ein gleichzeitiges synchrones Entladungsmuster hergestellt (SINGER 1993, SAKURAI 1996). Ob dabei noch andere Faktoren eine Rolle spielen, wissen wir nicht. Durch diese funktionellen Koppelungen bilden sich im Gehirn immer kompliziertere, differenziertere funktionelle Systeme höherer Ordnung, in die Neuronengruppen aus weit entfernten Hirnregionen einbezogen werden. Finden derartige gemeinsame Aktivierungen wiederholt und über längere Zeit statt, so verändern sich in den an der Verbindung beteiligten Synapsen bestimmte Eiweißmoleküle, wodurch die immer erneute Aktivierung dieses Neuronenensembles, d. h. dieses funktionellen Systems, gefördert wird. Das so stabilisierte Verschaltungsmuster dieses Neuronenensembles bleibt bestehen, auch wenn die Funktion nicht ausgeübt wird, und kann, wenn es benötigt wird, jederzeit erneut aktiviert werden.

Die Informationsaufnahme erfolgt in spezifischen Sinnesrezeptoren, deren Impulse über getrennte Leitungsbahnen dem Gehirn zugeleitet werden. Die Informationsspeicherung vollzieht sich durch die gemeinsame Aktivierung spezieller, miteinander verschalteter Neuronenensembles im neuronalen Netzwerk des Gehirns. Diese Neuronenensembles können umfangreiche, weit auseinanderliegende Neuronengruppen umfassen und dadurch hochkomplizierte Funktionen absichern. Die Informationsverarbeitung erfolgt durch die Einbeziehung unterschiedlicher Neuronenensembles in selbstorganisierende variable funktionelle Systeme, die sich in der subjektiven Einschätzung und der Handlungsausführung bewähren.

3.5. Steuerung und Kontrolle der Motorik

Vielfältige Bewegungen gehören zu den Hauptvoraussetzungen für die aktive Durchsetzung des Organismus in seiner Umwelt. Wie wir bereits erläutert haben, vollzieht sich das Wahrnehmen des eigenen Körpers und der Umgebung nicht als passiver Prozeß, sondern als aktives Geschehen. Informationsgewinnung ist ohne Bewegen, ohne aktives Handeln nicht möglich, wobei sich die Aktivität auf den verschiedensten Ebenen von der Peripherie des Nervensystems bis zu den geistigen Vorstellungen des Menschen abspielt. Deshalb gehört die Entfaltung der Möglichkeiten der Bewegungsvielfalt zu den Kernbestandteilen der Realisierung des genetischen Programms.

Ja, mehr noch! Bewegen ist eine Grundbedingung und Hauptmerkmal für Leben überhaupt. Das gilt für die molekulare Ebene in den Geweben des

Organismus, mit der wir uns hier nicht näher beschäftigen. Doch es gilt ebenso für alle Vorgänge im makroskopischen Bereich. Das genetische Entwicklungsprogramm des Menschen enthält alle Anweisungen, die erforderlich sind, um die Voraussetzungen und die Ingangsetzung der vielfältigen motorischen Aktivitäten rechtzeitig zu sichern. So müssen schon sehr frühzeitig alle strukturellen und funktionellen Vorbedingungen für die selbstregulierenden Systeme entstehen, die die vegetativen Funktionen des reifenden Organismus steuern. Dazu gehören die makroskopischen Strukturen und Funktionen, die dem Kreislauf, der Verdauung und der Atmung dienen. Sie enthalten alle als wesentliche Bestandteile motorische Elemente, deren Innervationsprogramme zum Zeitpunkt der Geburt voll funktionsfähig sein müssen.

Doch auch für alle Systeme, die die aktiven motorischen Umweltbeziehungen des Organismus ausführen, müssen zumindest die Ansätze und die Grundorientierung für ihre weitere Entwicklung bei der Geburt vorhanden sein. Dies gilt besonders für ihre zentrale Innervation. Denn die Zellteilung der Neuroblasten ist zum Zeitpunkt der Geburt abgeschlossen, und es können danach keine neuen Nervenzellen mehr entstehen. Was sich nach dem vorgegebenen genetischen Programm in vielfältigen Formen weiterentwickelt, sind das Aussprossen zahlreicher Nervenzellfortsätze, die Verschaltung der Nervenzellen durch die Bildung synaptischer Verbindungen und die Entwicklung immer komplizierterer selbstorganisierender funktioneller Systeme in dem rasch zunehmenden und sich immer weiter differenzierenden neuronalen Netzwerk.

Für das Rückenmark und große Teile der anschließenden subkortikalen Strukturen sind die Entwicklungsschritte vor der Geburt und auch noch längere Zeit nach der Geburt in ihrer Grundorientierung genetisch vorgegeben. Dabei fallen insbesondere in der postnatalen Entwicklung Entscheidungen über die Realisierung des genetischen Potentials, die später nicht mehr rückgängig gemacht werden können. So ist im genetischen Programm jedes Kindes die Möglichkeit der Entwicklung der Lautbildung aller auf der Erde gesprochenen Sprachen enthalten. Doch im ersten und zweiten Lebensjahr entscheidet sich, in welcher Weise der stimmbildende Apparat des Kehlkopfes und der Mund- und Nasenhöhle ausgebildet wird. Die Entscheidung fällt durch den epigenetischen Faktor des sprachlichen Umgangs der unmittelbaren Umgebung mit dem Kind. Die Nutzung der angelegten Voraussetzungen entscheidet, welche Teile der vielfältigen genetisch vorgegebenen Möglichkeiten ausgebildet werden und welche nicht, oder anders gesagt, die epigenetischen Faktoren bestimmen die Auswahl der angelegten, d. h., als Möglichkeit vorgegebenen Entwicklungsrichtungen.

Dies trifft genau so auf die Entwicklung aller anderen motorischen Aktivitäten zu. Dabei kommt dem Faktor der aktiven Bewegung für die gut angepaßte Ausbildung eine Schlüsselrolle zu. Dies sei an zwei Beispielen deutlich gemacht.

Betrachten wir als erstes die Bewegung des Greifens mit der Hand nach einem Gegenstand. Schon vor der Geburt haben sich beim Fetus alle Voraussetzungen für die Ausbildung der Greifbewegung gebildet: die Muskeln der Finger und der Hand werden von Rückenmarksnerven innerviert, der Arm kann ausgestreckt werden und im Rückenmark hat nach dem genetischen Programm die Bildung von Verschaltungen zwischen den Innervationsgebieten der an der Greifbewegung beteiligten Strecker- und Beugermuskeln begonnen. Deshalb kann der Säugling im Alter von 2 Monaten seinen Arm nach einem Gegenstand ausstrecken. Dabei bleibt die Hand noch geschlossen. In den nachfolgenden Wochen wird diese Bewegung in unterschiedlichen Variationen immer von neuem wiederholt. Dies bedeutet Üben und Festigen unterschiedlicher Innervationsmuster zur Ausbildung variabler selbstorganisierender funktioneller Systeme im Rückenmark. Etwa im Alter von 4 Monaten ist dann das erste Greifen mit geöffneter Hand zu beobachten, wobei die Bewegungen aber noch weitgehend chaotisch ausgeführt werden.

Durch weiteres Üben wird das Innervationsprogramm im Rückenmark zunehmend stabilisiert und den variablen äußeren Bedingungn immer besser angepaßt. Dabei wirken die Rückmeldungen über die ausgeführten Bewegungen immer stärker als Korrekturfaktoren. Außerdem werden höhere Abschnitte des Zentralnervensystems in die Kontrolle und den weiteren Ausbau des selbstorganisierenden Systems Greifbewegung eingeschaltet. So kann das Kind mit 9 Monaten die Hand rechtzeitig vor dem Zufassen öffnen und an die Form des zu ergreifenden Gegenstandes anpassen. Nunmehr spielt schon visuelle Zusatzinformation eine Rolle, die in die Kontrolle des Innervationsprogramms einbezogen wird. Doch erst im Alter von 13 Monaten wird der Handschluß nach weiterem Üben und Probieren mit guter zeitlicher Abstimmung ausgeführt. Mit der Exaktheit der Gesamtbewegung nimmt gleichzeitig ihre Variationsfähigkeit in der Anpassung an die weitgehend zufälligen Gesamtbedingungen zu. Inzwischen ist das diffus verschaltete neuronale Netzwerk, das dem variabel abrufbaren Innervationsprogramm der Greifbewegung zugrunde liegt, mit weiteren Gebieten des Gehirns verschaltet worden und steht für die Einbeziehung in umfangreichere Handlungsvollzüge zur Verfügung. Infolge seiner inneren Stabilität wird es später als Teil größerer Programme zunehmend automatisiert und kann ohne bewußte Aufmerksamkeitszuwendung ausgeführt werden. Seine Ausführung ist dann auch ohne tatsächliches Zugreifen nur in der Vorstellung möglich. Welche Bedeutung diesen Verschaltungen bis in die Bereiche der Kognition hinein zukommt, wird aus dem Inhalt des allgemein verwendeten Wortes „begreifen" im Deutschen „handgreiflich" deutlich.

Parallel zu diesem variabel verschalteten Programm des Zugreifens werden die gleichen Muskeln oder Muskelgruppen auch im Rahmen anderer Programme zur Realisierung anderer Handlungsziele eingesetzt (Wischen, Kratzen, Schreiben und viele andere). Für diese Handlungen bilden sich im neuronalen Netzwerk des Gehirns anders verschaltete selbstorganisierende Funktionssysteme, die ebenfalls durch ständiges Wiederholen gefestigt, variabel stabilisiert und mit zunehmendem Alter in höher organisierte Handlungsprogramme des Organismus einbezogen werden.

Ein zweites Beispiel ist die Fortbewegung im Raum, die Lokomotion. An ihr läßt sich zeigen, daß die volle Ausbildung einer harmonisch ausgeglichenen, gut anpassungsfähigen, ästhetisch ansprechenden Zielmotorik sich über einen Zeitraum von 1 1/2 bis 2 Jahrzehnten erstrecken kann. Das genetisch vorgegebene Programm für die abwechselnde Aktivierung und Hemmung der Beuger und Strecker in den unteren Extremitäten entwickelt sich bereits während der Schwangerschaft und wird vom heranwachsenden Fetus in weitgehend chaotischer Weise zunehmend geübt. Die für die Realisierung dieses Innervationsprogramms variabel miteinander verschalteten Nervenzellen liegen im Lumbalteil des Rückenmarks.

In den ersten Wochen nach der Geburt kann man rhythmische Schreitbewegungen dadurch auslösen, daß man den Säugling unter den Schultern faßt, den Kopf stützt und den Körper senkrecht hält, so daß seine Füße die Unterlage berühren. Wenn man nun den Körper langsam vorwärts führt oder die Unterlage langsam nach hinten gleiten läßt, so führt die Reizung der Fußsohlen zur reflektorischen Ausführung von Schreitbewegungen. Dies ist die künstliche Auslösung eines noch nicht in die selbständige Gehbewegung eingeordneten partiellen Lokomotionsmusters. Sein Reflexbogen läuft über das lumbale Rückenmark. Nach 3–4 Monaten läßt sich dieses Partialmuster nicht mehr auslösen. Es wird durch den Einfluß der Reifung höherer Zentren im ZNS gehemmt. Im Liegen übt der Säugling jedoch auch weiterhin durch häufig wiederholte Strampelbewegungen die Stabilisierung vielfältig variabler Innervationsprogramme abwechselnder Beuge- und Streckbewegungen seiner unteren Extremitäten.

Erst gegen Ende des 1. Lebensjahres tritt das Lokomotionsmuster als spontane Tätigkeit des Kindes wieder in Erscheinung. Das Kind hat inzwischen durch Kräftigung der Rumpf- und Kopfmuskulatur und durch Übung der Gleichgewichtsfunktion gelernt, seinen Körper in senkrechter Haltung selbst zu stabilisieren. Nunmehr werden die Schreitbewegungen in immer kompliziertere Gesamtbewegungen zur Fortbewegung des Körpers im Raum eingebaut. Da der Körper des Menschen mit seinen zahlreichen Gelenken über mehrere hundert Freiheitsgrade verfügt, die durch in Raum und Zeit aufeinander abgestimmte koordinierte Bewegungsvorgänge beherrscht und gesteuert werden müssen, ist die Ausarbeitung eines hohen Ansprüchen genügenden flüssigen Lokomotionsprogramms eine außerordentlich schwierige Aufgabe. Sie vollzieht sich schrittweise durch die Einbeziehung immer komplizierter verschalteter Anteile des neuronalen Netzwerkes in dieses funktionelle System. N. A. BERNSTEIN (1975) hat diesen Vorgang mit Hilfe zyklografischer Analysen eingehend untersucht (Abbildung 7).

Abb. 7

Schematische Darstellung der Entwicklung der Koordination der Lokomotion vom 2. Lebensjahr bis zum Erwachsenenalter. **nA(S)** Abwärtsstoß in der Hüfte des hinteren Beines; **C(p)** Stoß nach hinten durch das hintere Bein; **mb** Grenze des Anhebens des Knies nach hinten; **D(p)** Abstoßen des rechten Beins nach hinten; **E(p)** das letzte dynamische Element der Stützphase (BERNSTEIN 1975).

Wie er nachweist, löst der Heranwachsende das Problem so, daß zu Beginn die Mehrzahl der Freiheitsgrade durch die Fixierung von Gelenken ausgeschaltet wird. Dadurch wirken die Lokomotionsbewegungen anfangs unbeholfen und ungeschickt. Mit zunehmendem Lebensalter, mit zunehmender Einschaltung höherer Steuerungs- und Kontrollzentren, erfolgt bei immer wiederholtem Üben die allmähliche Freisetzung der Freiheitsgrade. Dadurch erfahren die selbstorganisierenden Systeme für die freie Lokomotion eine immer subtilere und differenziertere Ausgestaltung, und es können schließlich in der 2. Hälfte des 2. Lebensjahrzehnts ganz lockere, ästhetisch wirkende Laufbewegungen ausgeführt werden.

In der Großhirnrinde stehen für die motorischen Funktionen große Areale zur Verfügung. Sie dienen wie bei den visuellen, akustischen und anderen Afferenzen der elementaren, der multimodalen und der systemisch organisierten Informationsverarbeitung und Handlungssteuerung (Abbildung 8).

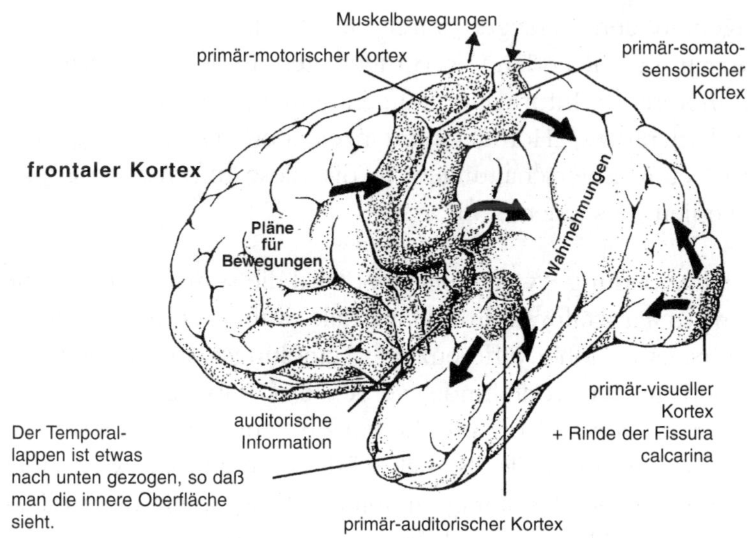

Abb. 8
Schematische Darstellung der wichtigsten Strukturen der Hirnrinde, die unmittelbar mit der Steuerung und Kontrolle der Motorik zu tun haben. Die Pfeile geben die Hauptrichtungen des Informationsflusses an; sie werden jedoch ständig durch rückgekoppelte Informationsströme kontrolliert und korrigiert. Einzelheiten s. Text.

Hinter der Zentralfurche befindet sich ein ausgedehntes Rindenfeld, der primär-somatosensorische Kortex, für die Rezeption der elementaren Information über ausgeführte Bewegungen. Sie stammen aus den kinästhetischen Rezeptoren (s. Kapitel 6.2.) und gelangen nach Umschaltung im Thalamus in die Hirnrinde. Parallel dazu befindet sich vor der Zentralfurche ein ausgedehntes Rindenareal, in dem die Pyramidenbahn entspringt, von der aus Bewegungskommandos an die motorischen Schaltkreise im Rückenmark gehen.

In den meisten Büchern über die Hirnfunktionen findet man bis heute über diesen beiden Regionen ein häßlich aussehendes Männlein („Homunculus") eingezeichnet, das die unterschiedliche Dichte der afferenten und efferenten Bewegungsinformation in Bezug auf die einzelnen Körpergebiete charakterisieren soll: eine sehr große Dichte im Projektionsgebiet der Hand, der Finger, insbesondere der Fingerspitzen, sowie im Bereich der Mund-, Zungen- und Kehlkopfmuskulatur. Dies entspricht der hochdifferenzierten Bewegungskoordination, die in diesen Körperbereichen ausgeführt werden muß. Diese Befunde gehen auf Untersuchungen in den siebziger Jahren des 19. Jahrhunderts zurück. Heute müßte man in Dutzenden von Hirngebieten, in denen somatosensorische und motorische Information aufgenommen, verarbeitet und gespeichert wird, derartige „Homunculi" einzeichnen. Doch infolge der komplizierten Netzwerkverschaltungen, in die diese Information einbezogen wird, verliert dies jeden Sinn.

Wie wir aus der Abbildung 8 weiter ersehen, wird die somato-sensorische Information in der Parietalrinde in multimodale Wahrnehmungen eingespeist, die ihrerseits in höher differenzierte Handlungsdispositionen eingegeben werden. In der Frontalrinde werden in kombinierter Verarbeitung von Erinnerungen an frühere Ereignisse, der Einschätzung der gegenwärtigen Situation und der Berücksichtigung emotional wertender Faktoren probabilistische Handlungsvarianten durchgespielt, die schließlich zur Entscheidung über die Ausführung einer bestimmten Handlung führen können. Die dafür erforderlichen motorischen Kommandos werden dann nach nochmaligen Präzisierungen und Abstimmungen in den Basalganglien und im Kleinhirn von der präzentralen motorischen Rinde zur Ausführung an die weitgehend automatisierten motorischen Programmverschaltungen im Rückenmark weitergegeben. Die Rückmeldung über die ausgeführte oder in Ausführung befindliche Handlung informiert die zentralen Instanzen, ob die ausgeführte Bewegung das vorgesehene Ziel erreicht hat oder nicht (Abbildung 9).

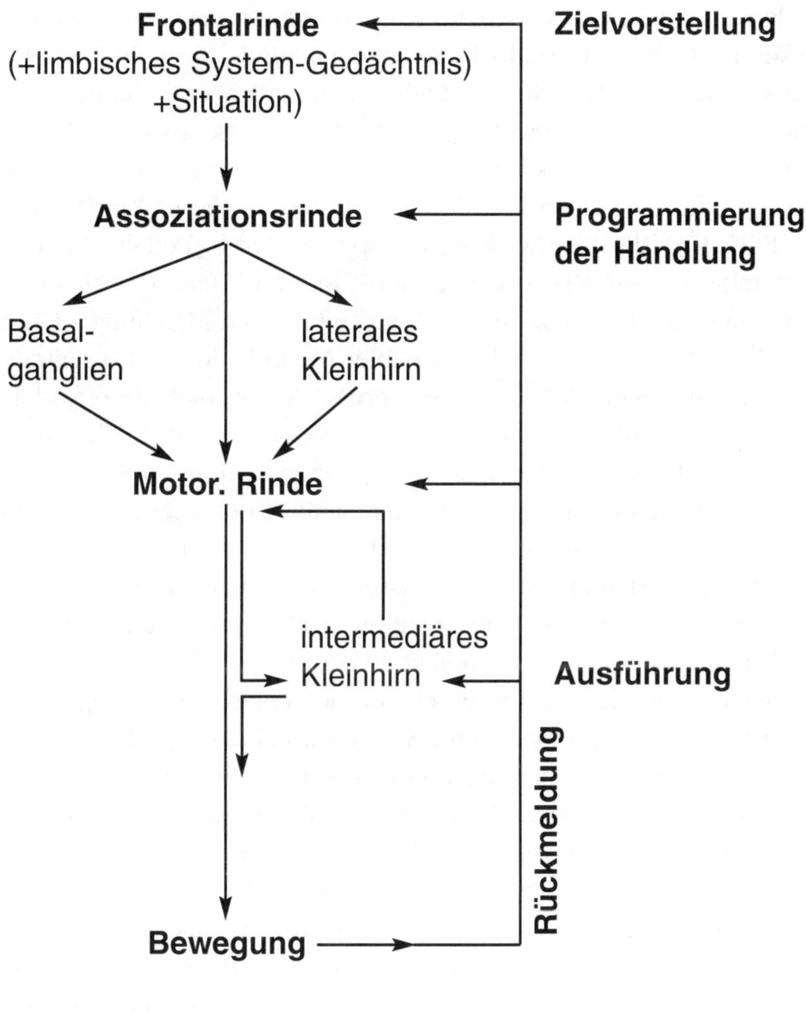

Abb. 9
Kurze schematische Darstellung der probabilistischen Programmierung einer zielgerichteten Handlung, ihrer Ausführung und der Rückmeldung über ihren Effekt (PICKENHAIN et al. 1993).

Die immer wiederholte Ausführung koordinierter Bewegungsabläufe stellt somit in Einheit mit gleichzeitig stattfindenden Wahrnehmungen den entscheidenden Faktor für die optimale Ausprägung der genetischen Anlage des Menschen dar. Sie ist eine obligatorische Voraussetzung für die Ausbildung, Entwicklung und Stabilisierung der immer komplexer werdenden variablen Verschaltungen innerhalb des neuronalen Netzwerkes im Gehirn. Deshalb ist es erschreckend, wenn ERICH HOERZ (Münsingen), der Hersteller vielfältiger Materialien und Geräte für Spiel, Sport und Therapie, berichtet, daß die Fertigkeitsentwicklung der Vorschul- und frühen Schulkinder in den letzten 40 Jahren rapide abgenommen hat. Während noch vor 40 Jahren fast jedes dieser Kinder mit dem von ERICH HOERZ entwickelten Doppeltretbrett „Pedalo" sich sofort problemlos vorwärts bewegen konnte, ist heute kaum noch ein Kind ohne längeres Üben dazu in der Lage (mündliche Mitteilung). Offenbar wird die Entwicklung vielfältig variabler Motorik durch die veränderten Lebensbedingungen der Kinder so vernachlässigt, daß die erforderliche differenzierte Fertigkeitsausbildung unterbleibt. Da mit ihr der Auf- und Ausbau aller höher differenzierten Fertigkeiten beginnt, die auch der Ausbildung kognitiver und intellektueller Fähigkeiten zugrunde liegen, ist diese Entwicklung sehr gefährlich und sollte uns zum Nachdenken über zu ergreifende Maßnahmen veranlassen. Wenn wir von dieser Situation beim gesunden Kind aus die Situation beim schwer- und schwerstgeschädigten Kind betrachten, so liegt auf der Hand, daß wir der Entwicklung seiner Motorik – und seien es nur elementare Bewegungen – allergrößte Beachtung schenken müssen. Es muß alles versucht werden, um beim Auftreten einfacher Bewegungsansätze ihre Weiterentwicklung durch Schaffung günstiger Umgebungsbedingungen zu fördern. Durch wiederholte, in liebevoller Hingabe ausgeführte passive Bewegungen sollten wir uns dem Punkt nähern, an dem das Kind beginnt, diese oder auch andere Bewegungen aktiv auszuführen. Alle nur denkbaren Erleichterungen durch Umlagern, Stützen, orthopädische Hilfsmittel sowie die Verknüpfung mit positiven emotionalen Faktoren spielen dabei eine wichtige Rolle. Auch müssen wir immer bedenken, daß wir es beim heranreifenden Kind noch mit relativ elementaren, groben Bewegungskoordinationen zu tun haben, auf deren Grundlage höhere Koordinationen erst entwickelt werden müssen.

Beim schwer- und schwerstgeschädigten Erwachsenen stehen wir vor einer anderen Situation. Bei ihm bestanden bereits lebenslang geübte hochgradig verschaltete vielfältige motorische Koordinationssysteme, die bewußter Kontrolle unterlagen. Sie sind durch die Schädigung entweder zerstört, in ihren Verbindungen teilweise unterbrochen oder auch nur vorübergehend gehemmt. Die Aufgabe besteht nun darin festzustellen, welche motorischen Partialsysteme erhalten geblieben sind und durch unser Eingreifen wieder aktiviert werden können. Von ihnen aus kann dann die Reaktivierung weiterer motorischer Partialsysteme versucht werden. Handelt es sich um eine lokalisierte Hirnschädigung, so können wir aus der Lokalisation wichtige Rückschlüsse ziehen. Vor allem muß aber der Versuch der Reaktivierung zu einem möglichst frühen Zeitpunkt nach der Schädigung unternommen werden, d. h., sobald der allgemeine Gesundheitszustand des Patienten es erlaubt. Auch in diesen Fällen geht es nicht allein darum, elementare Reflexbeziehungen zu reaktivieren, so wichtig die Reflexprüfung zur Kontrolle der Leitungswege auch ist. Vielmehr müssen wir alles versuchen, komplexe motorische Verschaltungen aufzuspüren, die mit positiven Gefühlen oder kognitiven Prozessen einhergehen. Der emotional gefärbte soziale Zugang zur schwer geschädigten Persönlichkeit kann entscheidend sein, wenn andere Partialfunktionen nicht mehr zugänglich sind.

Die motorischen Funktionen nehmen in den Umweltbeziehungen des Menschen eine Schlüsselposition ein. Sie dienen der aktiven Realisierung des vorgegebenen genetischen Programms. Durch die Einheit von Wahrnehmen und Bewegen erschließen sie dem Menschen die Wirklichkeit. Doch nicht nur im aktiven Umgang mit der Umgebung sind sie von großer Bedeutung, sondern sie spielen auch in den komplizierten Verschaltungen der mentalen Repräsentation, im Bereich unserer Vorstellungen und in der probabilistischen Programmierung möglicher Handlungen eine entscheidende Rolle. Motorische Information wird in alle selbstorganisierenden Systeme des neuronalen Netzwerkes im menschlichen Gehirn mit eingeschaltet. Bewegungen stellen dadurch bei schwer- und schwerstgeschädigten Menschen einen wichtigen therapeutischen Zugang dar.

3.6. Aufmerksamkeit

Plötzliche unerwartete Reizeinwirkungen aktivieren die Aufmerksamkeit des Menschen. Er orientiert sich auf das einwirkende Objekt oder die einwirkende Situation. Dies führt zu einer weit ausgebreiteten Aktivierung des neuronalen Netzwerkes mit allgemeiner Erhöhung der Funktionsbereitschaft. Diese generalisierte Aktivierung ist eine in der Stammesgeschichte sehr früh entstandene Reaktion; sie geht von der retikulären Formation des verlängerten Marks und des Stammhirns aus. Es erfolgt eine möglichst rasche Bewertung der gegebenen Situation, um schnell erforderliche Handlungen ausführen zu können. Dabei kann es sich zum Beispiel um eine Schutz- oder Abwehrreaktion handeln, für die ein automatisiertes Bewegungsprogramm bereitsteht. Falls keine weiteren Handlungen erforderlich sind, kann die Aktivierung schnell wieder abklingen. Man bezeichnet diese kurzfristige Aktivierung als Arousal („Weckreaktion"). Sie läßt sich unter Umständen auch bei schwer- und schwerstgeschädigten Menschen auslösen, ohne daß höher organisierte Prozesse der Informationsverarbeitung in Tätigkeit gesetzt werden. Ihr Auftreten ist ein Zeichen dafür, daß im neuronalen Netzwerk überhaupt noch Information verarbeitet werden kann.

Eine andere Form der Aufmerksamkeit besteht in der bewußten Zuwendung auf die in der Umgebung ablaufenden Vorgänge. In diesem Falle handelt es sich um einen sozialen Prozeß der Zuwendung. Dabei werden die bewußt wahrgenommenen Vorgänge mit bereits im neuronalen Netzwerk gespeicherter (erinnerter) Information verglichen und geistig (kognitiv) verarbeitet. Die bewußte Aufmerksamkeit orientiert somit auf die aktive Realisierung eines inneren Programms. In diesem Zustand werden durch ständig rückgekoppelte Aktivierungen selbstorganisierende funktionelle Systeme in verschiedenen Varianten wiederholt, dadurch stabilisiert und erweitert. Weite Bereiche des diffus verschalteten neuronalen Netzwerkes der Hirnrinde werden in diesen Prozeß einbezogen.

Im Kindesalter, in dem das genetische Programm sich unter zunehmender Verarbeitung und Ausnutzung der zufälligen Umweltbedingungen schrittweise realisiert, ist der Vorgang der Aufmerksamkeitszuwendung und -konzentration von grundsätzlicher Bedeutung für die Schaffung einer stabilen Vorstellung und Handlungsbereitschaft in der sich ständig ändernden Umwelt. Für MARIA MONTESSORI (1991, PICKENHAIN 1966) war die Beobachtung, daß Kinder die gleiche Tätigkeit, z. B. den Aufbau eines Turmes, in vielfältigen Variationen immer neu wiederholen, eine grundlegende Erkenntnis für die Entwicklung ihrer pädagogischen Anleitungen. Sie bezeichnete diesen Vorgang nicht als Spiel, sondern als Arbeit und hat mit Nachdruck darauf hingewiesen, daß dieser aktiv vom Kinde ausgehende Entwicklungsfaktor vom Erwachsenen nicht gestört werden darf. Wird die Aufmerksamkeit des Kindes durch äußere Einwirkungen, Vorschriften oder Verbote von seiner konzentrierten Tätigkeit abgelenkt, so kann dies zu starken Beeinträchtigungen in der Entfaltung seiner potentiellen Fähigkeiten führen. Gesteuert wird die Aufmerksamkeit in diesen Fällen nicht mehr nur von der retikulären Formation, sondern von einem funktionellen System, an dem verschiedene emotionale, kognitive, soziale, zielgerichtete und andere Vorstellungselemente beteiligt sind, die von der präfrontalen Hirnrinde aus gesteuert werden.

Beim Erwachsenen, bei dem sich die Lebensbedingungen in seiner eigenen Vorstellungswelt bereits weitgehend stabilisiert haben, spielt die Aufmerksamkeit eine andere Rolle. Sie wird von ihm als Kontrolleur und Wächter über die weitgehend vorprogrammierten und z. T. automatisiert ausgeführten Handlungsketten und Verhaltensweisen eingesetzt. Die Aufmerksamkeitskonzentration dient nunmehr der Verbesserung der Qualität der zu erbringenden Leistungen, der Kontrolle des gewünschten Ablaufs der Lebensereignisse und der angestrebten Einordnung der Persönlichkeit in die soziale Gemeinschaft.

Ein Ziel der Förderung und Therapie schwer- und schwerstgeschädigter Menschen besteht darin, die Fähigkeit der Aufmerksamkeitszuwendung und -konzentration wieder aufzubauen oder überhaupt erst zu entwickeln. Dabei muß man häufig mit relativ elementaren Formen beginnen. So kann schon die erfolgreiche Auslösung der Arousal-Reaktion, die sich in einer Zunahme der Herzfrequenz, in einer kurzen Bewegung oder in einer mimischen Veränderung zeigt, ein erster Schritt sein. Wichtig ist es zu bedenken, daß für das Auslösen der Aufmerksamkeit Einwirkungen mit sozialem Bezug eine Schlüsselrolle spielen. Da wir nicht wissen, welche Anteile der hochkomplexen zentralen Verschaltungsmechanismen erhalten geblieben sind, müssen vielfältig variable Einwirkungen eingesetzt werden. Nach der Schädigung müssen sie vor allem sehr bald erfolgen, bevor größere Anteile der zentralen neuronalen Verschaltungen infolge fehlender Nutzung abgebaut worden sind. Nicht selten kann durch die zärtliche Zuwendung einer persönlich nahestehenden, vertrauten Person eine Reaktion ausgelöst werden, die für den Therapeuten völlig unerwartet auftritt. In diesen Fällen spielen komplexe emotionale Faktoren die primär auslösende Rolle. Doch über sie können dann bei vorsichtigem Vorgehen weitere zentrale Funktionskreise geöffnet, wieder zugänglich gemacht und zunehmend wiederhergestellt werden. Doch gibt es hierfür kein allgemein gültiges Rezept, da das Vorgehen der jeweiligen Persönlichkeit und dem Schädigungsgrad angepaßt sein muß.

Die Aufmerksamkeit spielt bei den Umweltbeziehungen des Menschen eine wichtige Rolle. Ihr Bewußtseinsgrad und damit ihre Intensität sind unterschiedlich. Sie sind abhängig von inneren (Antrieb, Emotion, Motivation) und von äußeren Faktoren (Umgebungssituation, Reizfaktoren). Doch beim schwer- und schwerstgeschädigten Menschen kann schon die Auslösung einer minimalen Aufmerksamkeitszuwendung ein wichtiger erster Schritt auf dem Wege zur Wiedererschließung der Persönlichkeit sein.

3.7. Emotionen und Gefühle

Unsere Erlebnisbeziehungen zur Umwelt werden stets von mehr oder weniger starken Emotionen oder Gefühlen begleitet. Sie können positiv gefärbt sein (Freude, Begeisterung, Anerkennung, Liebe) oder negativ (Trauer, Angst, Haß, Wut). Stammesgeschichtlich stellen sie alte Reaktionsformen dar, die bei allen Säugetieren auftreten und mit deutlichen Veränderungen ihres Verhaltens gegenüber der Umgebung einhergehen. Die Emotion besteht aus drei Komponenten: der Reizbewertung, der emotionalen Reaktion, die im Verhalten sowie in vegetativen und endokrinen Veränderungen zum Ausdruck kommt, und dem subjektiven Gefühl. Starke anhaltende Emotionen können sogar das immunologische Abwehrsystem schwächen. Die Auslösung und Kontrolle ihrer verschiedenen Ausdrucksformen erfolgt vom limbischen System aus mit dem über der Hemisphärenkommissur (Corpus callosum) liegenden Gyrus cinguli, der in den Gyrus hippocampi übergeht, und der Amygdala (s. Abbildung 10).

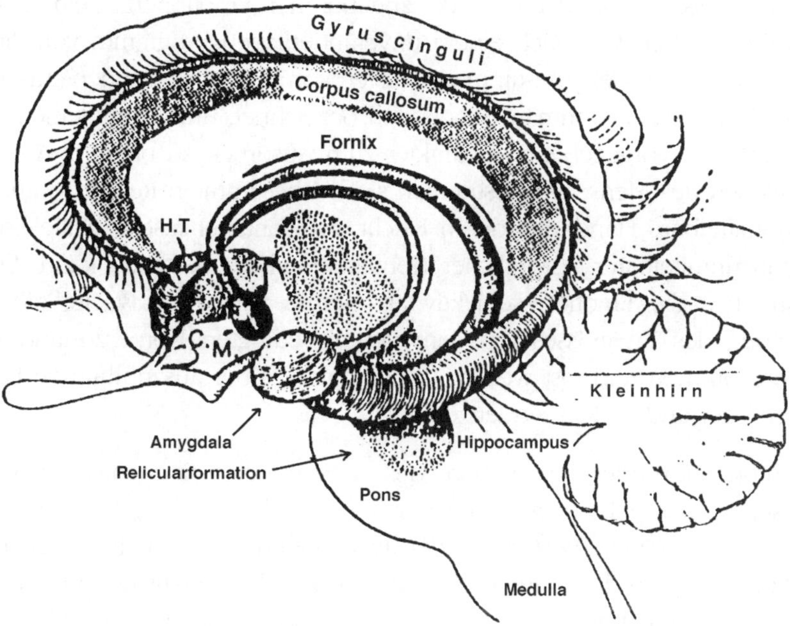

Abb. 10

Im limbischen System, das die phylogenetisch alten Teile des Zwischenhirns umfaßt, findet die Kontrolle der Emotionen und Affekte statt. Es können nur Inhalte im Rahmen ererbter Verhaltensweisen erlernt werden. **H.T.** Hypothalamus, **C.M.** Corpus mamillare, **Bulb.olf.** Bulbus olfactorius (Anschwellung an der vorderen Hirnbasis, in die die Riechnerven eintreten).

Die bei den Emotionen auftretenden körperlichen Ausdrucksformen sind bei allen Säugetieren wichtige Faktoren ihres Verhaltens, mit denen sie auf die Lebewesen in ihrer Umgebung einwirken.

Elementare Ausdrucksformen der Emotionen spielem auch beim Menschen eine große Rolle. Dies kommt unter anderem darin zum Ausdruck, daß bei ihm die limbischen Strukturen eine ähnliche Größenzunahme erfahren haben wie das Großhirn. Das Auftreten der angeborenen Emotionen ist ein elementarer Prozeß, bei dem nach einem unveränderlichen Programm vom limbischen System aus ein bestimmtes Muster von Körperreaktionen ausgelöst wird. Sie werden als primäre Emotionen bezeichnet, um ihren elementaren, genetisch fest vorgegebenen Charakter zum Ausdruck zu bringen. Auch im Sozialleben des Menschen bestimmen sie bei bestimmten Reizeinwirkungen die unmittelbare Handlung, die in Flucht, in spontaner rascher Hilfeleistung oder in unmitelbarer körperlicher Kontaktaufnahme bestehen kann. Dabei kommt uns die Emotion subjektiv als Gefühl zum Bewußtsein, die Verknüpfung des Ereignisses mit dem gefühlsbedingten Körperzustand wird wahrgenommen und löst weitere Überlegungen über auszuführende Handlungen oder andere Konsequenzen aus.

Die Information über die Emotion wird in die höheren Ebenen des neuronalen Netzwerkes geleitet, zusammen mit dem erlebten Ereignis gespeichert und damit zu einem Bestandteil der allgemeinen mentalen Repräsentation. Bei Erinnerung an dieses Ereignis wird sie ebenfalls mitaktiviert, und bei lebhafter (nicht rein kognitiver) Erinnerung werden Teile der vegetativen und körperlichen Ausdrucksformen der mit dem Erlebnis verbundenen Emotion vorübergehend von der Vorstellung aus real reaktiviert (Herzschlagbeschleunigung, Blutdrucksteigerung, mimische Ausdrucksformen und Gesten).

Diese angeborenen festprogrammierten primären Emotionen und Gefühle genügen jedoch für den Menschen nicht. Er benötigt einen umfangreicheren, variableren und stärker vernetzten Apparat emotionaler Verhaltensweisen, um die ganze Bandbreite seiner Gefühlsvarianten im Zusammenhang mit seinen höheren psychischen Funktionen zu erleben, zu speichern und mit seinen weiteren Vorstellungen und Handlungen zu verknüpfen. Dazu reichen die Strukturen des limbischen Systems nicht aus. Das Netzwerk für die sekundären, für den Menschen spezifischen Gefühle muß somit erweitert werden. Dies geschieht über die Einbeziehung neuronaler Verschaltungen im somatosensiblen Kortex und im präfrontalen Kortex.

Die auf dieser Ebene auftretenden Gefühle und Empfindungen sind viel variabler und sensibler an die augenblickliche sozial verknüpfte Erlebnissituation angepaßt. Zwar realisieren sie sich in ihren Ausdrucksformen über die phylogenetisch älteren Strukturen des limbischen Systems, des Gyrus cinguli und der Amagdala. Doch werden der Zeitpunkt, die Intensität, die Qualität und die Dauer ihres Auftretens von den komplizierteren Lebensdispositionen bestimmt. In die sekundären Gefühle gehen die komplexen dispositionellen Verschaltungen der in der Präfrontalrinde gespeicherten multiplen mentalen Repräsentationen ein. Sie enthalten anschauliche und verbal formulierte Vorstellungen, die auf vergangenen Erfahrungen beruhen oder künftige Ereignisse vorwegnehmen. Die Auslösung der emotionalen Reaktion wird von der Präfrontalrinde unbewußt und unwillkürlich an den vorderen Teil des Gyrus cinguli und an die Amygdala übermittelt und von ihnen realisiert.

Das Gefühl kommt als Empfindung oder als Stimmung subjektiv zum Bewußtsein. Doch dieses bewußte Erleben ist nur ein immanenter Bestandteil der von der Präfrontalrinde gesteuerten Gesamtreaktion. Die auf diesem Wege ausgelösten vegetativen oder mimischen Gefühlsreaktionen können ohne ganz spezielles Training nicht willentlich isoliert herbeigeführt werden. So läßt sich zeigen, daß beim unbewußten spontanen Lachen sowohl die Augenringmuskeln als auch die Jochbeinmuskeln, die die Mundwinkel auseinanderziehen, vom limbischen System aus aktiviert werden. Die bewußte Auslösung des Lachens, für das keine emotionale Grundlage existiert, erfolgt demgegenüber von den Basalganglien aus und erstreckt sich nur auf die Mundmuskulatur; die Augenringmuskeln sind daran nicht beteiligt (DAMASIO 1997).

So unterliegen die emotionalen Erlebnisse und ihre mimischen, gestischen und vegetativen Ausdrucksformen einer relativen Autonomie und sind – soweit es sich nicht um primäre Emotionen handelt – in hochkomplexe Erlebnisse und Vorstellungen eingebettet. Wir können zwar durch langes Üben das Auftreten und Sichtbarwerden der Emotionen hinauszögern und zum Teil auch unterdrücken, aber wir können kein isoliertes Gefühl, das der aktuellen Erlebnissituation widerspricht, willentlich erzeugen.

Die Kenntnis dieser Zusammemhänge ist für die Basale Stimulation von großer Bedeutung. Unsere Einwirkungen, mit denen wir beim schwer- und schwerstgeschädigten Menschen eine Reaktion herbeizuführen suchen, können subjektive Gefühle auslösen. Dabei wird es sich meist um primäre Gefühle handeln. Das Entstehen eines derartigen Gefühls kann sich in EKG-Veränderungen, Herzfrequenz- oder/und Pulsbeschleunigung oder elementaren motorischen Reaktionen zeigen und muß noch nicht von einer objektiv und subjektiv differenzierten Allgemeinreaktion begleitet sein. Es ist aber ein Anzeichen dafür, daß überhaupt eine Reaktion stattfindet, daß über Verbindungen im neuronalen Netzwerk Strukturen des limbischen Systems, d. h. eines stammesgeschichtlich alten, automatisierten Funktionsbereichs des ZNS, aktiviert werden. Ein Zugang zu diesem Menschen ist erschlossen, den wir weiter ausbauen und durch weitere Einwirkungen auf höhere Integrationsebenen ausdehnen müssen.

Zugleich ist auch die Qualität des sichtbaren Gefühlsausdrucks ein wichtiger Hinweis für unser weiteres Vorgehen. Unsere Einwirkungen müssen stets so beschaffen sein, daß sie positiv gefärbte, offensichtlich angenehme Gefühle auslösen: Lächeln, Bestreben nach Verstärkung der Kontakte, Öffnen der Augen, Zuwenden des Kopfes und anderes. Beim Auftreten von negativen emotionalen Reaktionen ist sofort der Umgang mit dem betreuten Menschen zu ändern. In erster Linie sind es gewohnte positive soziale Zuwendungen, wie Streicheln, Schmusen, Schaukeln, die positive Gefühle auslösen. Doch können beim bewußtlosen Erwachsenen auch zärtlich gesprochene Sätze, die alte angenehme Erinnerungen aufleben lassen, zu positiven Emotionen führen. In diesen Fällen werden die Reaktionen unter Umständen über höhere mentale Repräsentationsinstanzen ausgelöst. Der richtige Zugang muß mit großer Geduld und Hingabe gesucht werden.

Beim Neugeborenen bestehen elementare primäre Gefühle, die in Form von Schreien und Weinen, behaglichen Lautäußerungen und später auch in wonnigem Jauchzen zum Ausdruck kommen. Die emotionalen Gefühlsäußerungen des Säuglings sind ein wesentlicher Anlaß für Imitationen durch die Mutter und andere betreuende Personen. Die angeborenen emotionalen Verhaltensformen, die sich in mimischen Ausdrucksformen und in verschiedenen Bewegungen der Gliedmaßen, der Hände und des Kopfes äußern, stellen primäre, spontane Äußerungen des Säuglings dar. Dabei wird die Mutter aufgrund der multimodalen, vor allem akustischen Erfahrungen, die der Säugling mit ihr bereits vor der Geburt gemacht hat, vorrangig als Partner akzeptiert und gesucht.

Nach Untersuchungen von POULSON u. Mitarb. (1989) nimmt beim 4 bis 10 Monate alten Kind in der freien Spielsituation zwischen Mutter und Kind die Nachahmung etwa 16 % der Kommunikationszeit ein. Dabei ist die Anzahl der Fälle, in denen die Mutter ein Verhalten des Kindes nachahmt, wesentlich größer als der umgekehrte Fall. Häufig wartet die Mutter auf ein spontanes Ausdrucksmuster des Kindes, um es dann nachzuahmen. Danach wird dieses Muster auch vom Kind wiederholt.

Die auch heute noch häufig vertretene Ansicht, daß die ersten mimischen Ausdrucksformen des Säuglings Nachahmungen der Mimik der Mutter sind, ist sicher nicht richtig. Zwar findet sehr bald ein wechselseitiger, von lebhaften positiven Gefühlen begleiteter Austausch mimischer Ausdrucksformen und kommunikativer Gesten statt; denn auch die Mutter hat das angeborene Bedürfnis nach der Entwicklung einer solchen intimen Kommunikation mit ihrem Kind. Doch der erste Anstoß geht vom Säugling aus, und der Zeitpunkt des ersten Auftretens wird vom Entwicklungsstadium seines genetischen Programms bestimmt. Auf der Grundlage dieser genetischen Vorgabe entfaltet sich dann der vielfältige Austausch zunehmend differenzierterer Kommunikationsformen, der von positiven Gefühlen auf seiten der Mutter und des Säuglings getragen wird. Aufgrund der Ausdrucksformen des Säuglings können wir annehmen, daß ihm diese Gefühle in sehr elementarer Form zum Bewußtsein kommen und sein Handeln mitbestimmen. Es ist der Beginn des Hineinwachsens des Säuglings in seine künftige soziale Welt.

4. Entwicklung des Zentralnervensystems

Die Entwicklung des Zentralnervensystems und des Gehirns stellt einen ständigen dynamischen Prozeß in Wechselwirkung mit dem eigenen Körper und seiner Umwelt dar. Die synaptischen Verbindungen im neuronalen Netzwerk des Gehirns bedürfen ständig neuer Aktivierung, um bestehen zu bleiben. Dies trifft auf den in Entwicklung befindlichen Organismus ebenso zu wie auf den voll entwickelten Organismus. Während der Entwicklung ist das Nervensystem insbesondere auf die Entstehung immer neuer Aktivierungsmuster und ihre Erhaltung angewiesen. Die Grundorientierung möglicher Aktivierungsmuster ist durch die genetische Anlage vorgegeben, ihre tatsächliche Ausprägung erfolgt durch die wiederholte aktive Nutzung in bestimmten Situationen. Die wiederholte variable Aktivierung führt zur Ausbildung variabler stabiler synaptischer Schaltkreise. Dabei werden die durch die Verhaltensaktivitäten immer wieder bestätigten synaptischen Verschaltungen im neuronalen Netzwerk des Gehirns verstärkt und bekräftigt (Lernen, Gedächtnis), während die Synapsen nur vereinzelt auftretender Verschaltungen bald wieder verschwinden. Die genetische Vorgabe bestimmt somit die Richtung der sich anbahnenden Verhaltensweisen, während die aktuelle Situation unter den gegebenen Bedingungen des Organismus und der Umwelt die konkrete Realisierung der erforderlichen Verhaltensvarianten sichert.

Die sich während der Entwicklung ausbildenden aktivitätsbedingten synaptischen Verschaltungen sind Grundlage und Voraussetzung für das spätere Verhalten. Sie erfolgen stufenförmig mit der Entwicklung immer komplizierterer selbstorganisierender Systeme. So werden die über die afferenten Nerven im Gehirn einlaufenden sensorischen Informationen, wie bereits im Kapitel 3.4. erwähnt, auf einer ersten elementaren Stufe im neuronalen Netzwerk bestimmter Regionen des Gehirns in ihre elementaren Qualitäten zerlegt. Beim Sehen sind dies z. B. die Form (Kontur), die Farbe und die Bewegung eines gesehenen Gegenstandes sowie seine Stelle im Raum. Durch interne Verschaltungen zwischen diesen Regionen entsteht dabei ein ganzheitliches Bild, das im neuronalen Netzwerk gespeichert wird. Gleichzeitig werden diese Informationen an höhere Hirnregionen weitergegeben und dort in immer komplexerer Form verarbeitet. Es erfolgt ein Vergleich mit erinnerten früheren Wahrnehmungen, eine Eingabe in multisensorische neuronale Netzwerke, die Koppelung mit der früheren und künftigen Bedeutung dieser Reizsituation, die Einordnung in semantische Zusammenhänge und die Aktivierung emotionaler Einstellungen, die die Bewertung des Gesehenen und die sich darus ergebenden Schlußfolgerungen wesentlich mitbestimmen.

All dies vollzieht sich in komplex verschalteten funktionellen Systemen des Gehirns, die die neuronale Grundlage der subjektiven Einschätzung der Situation darstellen und zu unwillkürlichen oder willkührlichen Verhaltensreaktionen führen. Dabei spielt beim Menschen entsprechend der genetischen Vorgabe der soziale Faktor stets eine entscheidende Rolle. Die soeben kurz skizzierte Entwicklung kann sehr differenziert verlaufen und zu hoch entwickelten komplizierten Fähigkeiten und Fertigkeiten führen, wie sie bei einem Künstler, einem Wissenschaftler oder einem Spezialisten auf irgendeinem praktischen Fachgebiet auftreten. Sie kann jedoch unter ungünstigen Entwicklungsbedingungen bei einer angeborenen oder traumatischen Schädigung oder bei weitgehender Vernachlässigung in den entscheidenden Entwicklungsperioden nur die Ausbildung relativ einfach strukturierter und elementar motivierter Verhaltensweisen entstehen lassen. In jedem Falle ist die Qualität des Menschseins ein entscheidender Entwicklungsfaktor, der niemals beseitigt oder ausgeschaltet werden kann.

Es ist derjenige Entwicklungsfaktor, über den wir auch unter den elementarsten und primitivsten Bedingungen auf die Entwicklung dieser Person Einfluß nehmen können und sollen. Vor allem durch den Einsatz dieser Faktors können wir der in ihrer Entwicklung geschädigten Person helfen, den Zugang für die Eingabe zusätzlicher Entwicklungsfaktoren zu öffnen, und die Gefahr des Abbaus der genetisch angelegten und bereits in Realisierung befindlichen neuronalen Vernetzungen im Gehirn mindern bzw. verhindern.

Das Zentralnervensystem des Menschen entwickelt sich nach der in der Evolution entstandenen genetischen Vorgabe vom ersten Augenblick an so, daß dieser später in seiner sozial geprägten Umwelt aktiv tätig sein kann. Die strukturellen und funktionellen Voraussetzungen hierfür entstehen in der Großhirnrinde. In den ungeheuer großen Verschaltungsmöglichkeiten ihres neuronalen Netzwerkes bilden sich die biotischen Grundlagen für die Entstehung der subjektiven Funktionen der Wahrnehmung, der Vorstellung, des Denkens und des bewußten Handelns.

4.1. Plastizität des Zentralnervensystems

Das Zentralnervensystem verfügt über eine außerordentlich große Anpassungsfähigkeit, auch Plastizität genannt. Dies gilt sowohl für die Periode seiner Entwicklung als auch für die Ausprägung und Ausübung seiner Funktionen unter den wechselnden Bedingungen des späteren Lebens. Bestimmend für die Entwicklung und für die spätere Kontrolle ihrer Realisierung ist das in allen Zellen des Organismus vorhandene genetische Programm. Welchen Einfluß es hat und wie dieser Einfluß realisiert wird, läßt sich am besten an einem Zahlenvergleich deutlich machen. Der Mensch besitzt in jeder Zelle nach heutiger Kenntnis etwa 10^5 (100.000) Gene, als Erwachsener verfügt er aber über mehr als 10^{15} (1 Billiarde) Synapsen im Gehirn (DAMASIO 1997). Die außerordentlich starke prägende Wirkung der Gene kann somit nicht in der determinierten Lenkung irgendwelcher Detailvorgänge bestehen, sondern nur in der Vorgabe der Grundrichtung der Entwicklung, im Einbringen der Ordnungsprinzipien, unter denen sich der Organismus in der jeweilig existierenden Umwelt entfaltet. Die Details der Entwicklung werden erst durch die Wechselwirkungen zwischen den Zellen bestimmt, die sich unter der genetischen Kontrolle gebildet haben, und durch die zufällig gegebenen Umweltbedingungen, die die Entwicklungsmöglichkeiten einschränken oder fördern.

Wie wir bereits im Kapitel 3.3. dargelegt haben, geht von den nach dem genetischen Programm während der Schwangerschaft im Gehirn gebildeten 200 Milliarden Neuroblasten etwa die Hälfte zugrunde, weil sie keine Zielzelle finden und ihre Funktion nicht aufnehmen können. Dies ist Folge der stochastischen, d. h. zufallsbedingten Entwicklung der Hirnstrukturen, für die zwar die Grundrichtung festgelegt ist, nicht aber die Details. Es ist zugleich Ausdruck der hochgradigen Plastizität des Gehirns bei seiner Entwicklung, wobei die Nutzung der Nervenzellen über ihr Überleben entscheidet. Nach der Geburt verlagert sich dieses Phänomen der Plastizität auf das Aussprossen der Nervenzellfortsätze und die Bildung und Funktion der Synapsen. Nunmehr ist die Nutzung der gebildeten synaptischen Strukturen der kritische Faktor, der über ihr Bestehenbleiben bzw. über weitere Neubildungen entscheidet. Im Kindesalter fallen auf diese Weise grundsätzliche Entscheidungen über die Bildung und Stabilisierung neuer Funktionskreise als selbstorganisierende Systeme. Die durch immer neue Aktivierung häufig bestätigten Verschaltungen vegetativer Funktionssysteme sowie elementarer motorischer Reflexbögen bilden den gesicherten Grundbestand variabler Funktionen in den niederen Teilen des Zentralnervensystems. Sie stehen als weitgehend automatisierte Funktionskreise für den Einsatz durch später entwickelte, höher organisierte funktionelle Systeme zur Verfügung.

Die niederen Abschnitte des ZNS des Menschen sind in ihrer Entwicklung und in der Ausbildung ihrer selbstorganisierenden Systeme weitgehend genetisch vorgeprägt. Auch für die höheren Abschnitte des Gehirns einschließlich der Hirnrinde besteht eine allgemeine genetische Vorgabe, die den Menschen zum Menschen macht, doch die detaillierte Gestaltung der selbstorganisierenden Systeme innerhalb des umfassenden neuronalen Netzwerkes weist auf den höheren Integrationsebenen unermeßlich große Variationsmöglichkeiten auf. Die Anpassungsmöglichkeiten des Gehirns an veränderte Bedingungen sind besonders im frühen Kindesalter außerordentlich groß, ohne daß wir dies im Einzelfalle bemerken müßten. Hierfür sei ein drastisches Beispiel angeführt.

Die beiden Großhirnhemisphären üben beim Menschen weitgehend unterschiedliche Funktionen aus. In der rechten Großhirnhemisphäre bilden sich vorwiegend die neuronalen Verschaltungen und Systeme für die anschaulich-bildhaften Formen der mentalen Repräsentation aus, in der linken Hemisphäre hingegen die für die abstrakt-begrifflichen Formen.

Diese Funktionsteilung ist genetisch vorgegeben, realisiert sich aber erst im Laufe der postnatalen Entwicklung. Nun erweist es sich in einzelnen Fällen als notwendig, beim Kind eine Großhirnhemisphäre operativ zu entfernen, weil von ihr schwere unheilbare epileptische Anfälle ausgehen. In derartigen Fällen zeigte sich ein ganz erstaunliches Phänomen. War das betroffene Kind jünger als 8 Jahre, so konnte die verbliebene Hemisphäre zusätzlich alle Funktionen mitentwickeln, die normalerweise von der entfernten Hemisphäre ausgebildet worden wären. Wurde die linke Hemisphäre entfernt, so wurden alle Hirnstrukturen beseitigt, die normalerweise die neuronalen Grundlagen für die Entwicklung der Sprachfunktion enthalten. Sie konnte nunmehr in der rechten Hemisphäre ausgebildet werden, was allerdings einen längeren Zeitraum in Anspruch nahm. War die operierte Person älter, so war nur noch eine partielle Funktionsübernahme durch die verbliebene Hemisphäre möglich, d. h., die Anpassungsfähigkeit der verbliebenen neuronalen Verschaltungssysteme wird nach diesem Alter rasch geringer. In den seltenen Fällen, in denen infolge eines genetischen Defekts von vornherein nur eine Hemisphäre angelegt ist, wird das Fehlen der zweiten Hemisphäre ohne spezielle Untersuchung überhaupt nicht bemerkt. Die einzige vorhandene Hemisphäre ist dann in der Lage, alle für das Umweltverhalten erforderlichen Funktionen allein voll auszuführen.

Die Funktionen des neuronalen Netzwerkes sind zu jedem Zeitpunkt abhängig von der Wirkungsweise und den Wechselwirkungen seiner einzelnen Bestandteile auf der molekularen, zellulären und Netzwerkebene. Situationsangepaßte Veränderungen in den neuronalen Verschaltungen auf den höheren Integrationsebenen sind Grundlage für Lernvorgänge, die im Gedächtnis gespeichert werden. Anhaltende Veränderungen einzelner Komponenten, die im höheren Alter oder durch schädliche Einwirkungen auftreten, können die Vernetzung wesentlich beeinflussen. Sie aufzusuchen und, wenn möglich, rückgängig zu machen, ist eine wichtige therapeutische Aufgabe bei Patienten mit schwerer Hirnschädigung.

5. Wie entwickelt sich der Mensch?

Die artgemäße Entwicklung des Kindes zu beachten bedeutet, es von vornherein als ein in Entwicklung befindliches soziales Wesen, eine menschliche Persönlichkeit zu betrachten. Aufgrund seines genetischen Erbgutes gilt dies vom ersten Augenblick seiner Existenz an. Die von ERNST HAECKEL vor 125 Jahren formulierte Vorstellung von einem „biogenetischen Grundgesetz", nach dem der menschliche Embryo und Fetus bei seiner Individualentwicklung die phylogenetischen Entwicklungsstadien der Tierarten durchläuft, ist völlig abwegig, obwohl sie heute noch in vielen Köpfen existiert.

Das genetische Programm des Menschen ist auf die Entwicklung der menschlichen Persönlichkeit angelegt und ist während seiner Entwicklung in allen Einzelschritten auf dieses Endziel gerichtet. Auch wenn dieses Endziel infolge eines genetischen Defekts oder einer schweren Schädigung nicht erreicht wird, bleibt das sich entwickelnde Wesen ein in seiner Entwicklung stagnierendes oder abwegige Verhaltensweisen zeigendes menschliches Subjekt. Dies muß bei der Art des Umgangs mit diesem Wesen immer berücksichtigt werden.

5.1. Der Mensch ist kein Reflexwesen

Früher wurde allgemein angenommen und noch heute kann man in vielen Büchern lesen, daß der Mensch als ein Reflexwesen entsteht und sich erst über die Entstehung immer komplizierterer Reflexketten zu einem Menschen entwickelt. Als angeblicher Beweis dafür wurde angeführt, daß man schon bei einer zu einem sehr frühen Zeitpunkt auftretenden Frühgeburt verschiedene motorische Funktionen als Reflexe auslösen kann. Mit zunehmendem Lebensalter werden diese Reflexe immer komplizierter, und man glaubte, daß darin die Entwicklung des Menschen zum Ausdruck kommt.

Durch die in den letzten Jahrzehnten entwickelte Ultraschalldiagnostik sind wir heute in der Lage, das Verhalten und die Entwicklung des Embryos im Mutterleib schon vom Ende des zweiten Lebensmonats an zu verfolgen. Dadurch wissen wir, daß schon die ersten elementaren Bewegungen des reifenden Embryos spontan auftreten und in wiederholter Ausführung eine immer kompliziertere und besser aufeinander abgestimmte Form annehmen. Die Entwicklung aller Zellen und Gewebe des Organismus ist im genetischen Programm vorgegeben und vollzieht sich entsprechend dieser Vorgabe. Bei dem sich mit unglaublicher Geschwindigkeit entwickelnden Embryo (Abbildung 11) bilden sich in den peripheren Geweben erste Vorstufen von Muskelzellen (Myoblasten), die aber noch keine Funktion ausüben können. Zur gleichen Zeit entstehen im Zentralnervensystem durch multiple Teilungen die Vorstufen motorischer Nervenzellen (motorische Neuroblasten), deren Axone in die Peripherie auswachsen. Nach der genetischen Vorgabe wird ihre Wachstumsrichtung durch spezifische Substanzen (Wachstumshormon u. a.) und andere Faktoren so geleitet, daß sie auf sich entwickelnde Myoblasten treffen. Sobald sie eine derartige Zelle erreichen, treten sie mit ihr in synaptischen Kontakt und sind auf diese Weise in der Lage, durch Impulsübertragung elementare Einzelkontraktionen auszulösen. Der Myoblast wird zur funktionsfähigen Muskelzelle, der motorische Neuroblast zur funktionsfähigen motorischen Nervenzelle (Motoneuron). Falls ein zweiter motorischer Neuroblast die gleiche Muskelzelle erreicht, geht er zugrunde, da jede Muskelzelle in der Regel nur durch einen motorischen Nerven innerviert wird.

Eingehende Untersuchungen an Tieren haben ergeben, daß es sich hierbei wie bei vielen anderen Lebensvorgängen um ein weitgehend zufallsbedingtes Geschehen handelt. Die genetische Vorgabe enthält keine Anweisung, welcher motorische Neuroblast welchen Myoblasten erreichen soll. Nur die allgemeine Wachstumsrichtung ist vorgegeben und das Erreichen des Zieles ist von den zufälligen, wechselnden lokalen Bedingungen abhängig. Um unter diesen Bedingungen ein sicheres Ergebnis

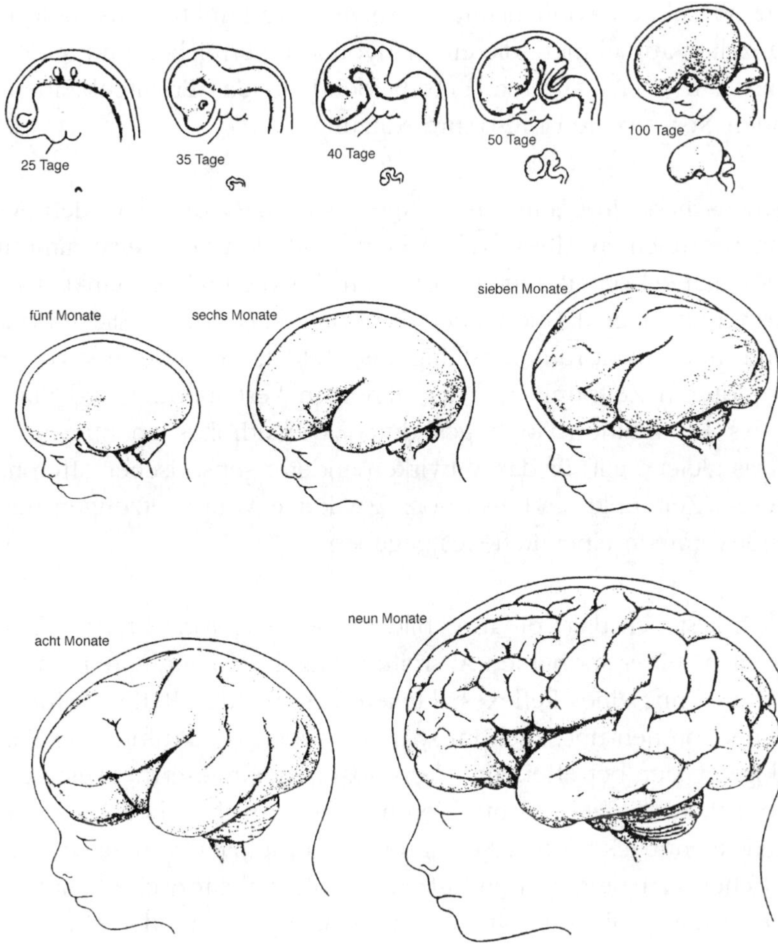

Abb.11

Schematische Darstellung der aufeinanderfolgenden Entwicklungsstadien des menschlichen Gehirns. Alle Zeichnungen mit Ausnahme der in der obersten Reihe haben den gleichen Maßstab. Die oberste Reihe gibt die Strukturen der zweiten Reihe vergrößert wieder, so daß Einzelheiten erkennbar werden. Die drei Hauptabschnitte des Gehirns (Vorder-, Mittel- und Hinterhirn) gehen aus drei Anschwellungen am Vorderende des Neuralrohres hervor. Die Großhirnhemisphären überwachsen das Mittel- und Hinterhirn und zum Teil auch das Kleinhirn. Die charakteristische Faltung der Hirnrinde beginnt erst in der 2. Hälfte der Schwangerschaft.

zu erreichen, wird von vornherein ein Überschuß an Neuroblasten produziert. Von ihnen können nur diejenigen ihre Funktion als motorische Nervenzellen aufnehmen, die einen Myoblasten erreichen und mit ihm in synaptischen Kontakt treten. Entscheidend für das Erhaltenbleiben der reifenden Nervenzelle ist also ihre Nutzung.

Im genetischen Programm ist vorgegeben, daß die von den Motoneuronen erreichten Muskelzellen beim Auftreten von Nervenimpulsen erste spontane Kontraktionen ausführen. Zu diesem Zeitpunkt hat sich die reafferente Signalisation über die Kontraktion durch die Propriorezeptoren noch nicht funktionsfähig ausgebildet. Sie findet erst zu einem etwas späteren Zeitpunkt mit der ständigen Verfeinerung und Präzisierung des Kontraktionsvorganges durch wiederholtes spontanes Üben statt. Das gleiche gilt für das Mitwirken anderer sensorischer Afferenzen. Zu diesem Zeitpunkt sind also noch gar keine Voraussetzungen für das Zustandekommen eines Reflexes gegeben.

Natürlich läßt sich das voll ausgebildete lokale motorische Partialsystem später nach seiner spontanen Ausreifung durch Reizung an einem seiner Glieder im Sinne eines Reflexes aktivieren. So werden Reflexprüfungwen bei Neugeborenen und auch im späteren Leben zur Prüfung der Funktionsfähigkeit der betreffenden Nervenbahnen eingesetzt. Dies ist aber eine künstliche Situation. Unter den natürlichen Lebensbedingungen treten Reflexe nur als Partialerscheinungen komplizierter sozial geprägter motorischer Verhaltensweisen auf. Selbst die reflektorische Schutz- und Abwehrreaktion als Antwort auf einen Schmerzreiz oder eine andere schädliche Einwirkung läßt sich als eine stark abgekürzte soziale Verhaltensreaktion interpretieren.

Eine spezielle Situation liegt vor, wenn im Laufe des 1. und 2. Lebensjahres bei bestehender Zerebralparese Reflexsummationen, d. h. die intensive, längerdauernde Aktivierung bestimmter afferenter Bahnsysteme, zur Durchbrechung zentraler Blockaden eingesetzt werden. Dadurch kann eine Hemmung in der Entwicklung der Aufrichtungsmechanismen und der Gleichgewichtsreaktion des Zentralnervensystems in differenzierter Weise ganz oder teilweise überwunden werden (VOJTA 1974). Dies dient der Verbesserung der funktionellen Gesamtentwicklung des Organismus. Doch das ist ein künstlich herbeigeführter Vorgang zur Überwindung eines pathologischen Zustandes.

Auch im Zusammenhang mit der Basalen Stimulation werden für diagnostische Zwecke Reflexprüfungen durchgeführt. Doch sie dienen in diesem Falle der Diagnostik und nicht dem Üben funktionell stillgelegter Bahnen. Das Letztere ist nur möglich, wenn wir unsere Einwirkungen so gestalten, daß sie bewußt auf die zunehmende Wiederingangsetzung spontan vom schwer- und schwerstgeschädigten Patienten selbst ausgeführter Handlungen gerichtet sind.

5.2. Entwicklung selbstorganisierender funktioneller Systeme

Die ersten Spontanbewegungen des menschlichen Embryos sind gegen Ende der 7. Woche nach der Befruchtung des Keims zu beobachten. Es treten spontane Zuckungen in einzelnen Rumpf- und Lippenmuskeln auf. Dies ist der Zeitpunkt, in dem die Axonfortsätze reifender Motoneurone in diesen Gebieten die ersten reifenden Muskelzellen erreichen und auf sie aktivierende Impulse übertragen. Dieser Vorgang breitet sich in den darauffolgenden 5-6 Wochen nach und nach auf weitere Muskelgebiete aus (Tabelle).

Entwicklung pränataler Bewegungsmuster beim Menschen

Schwangerschaftswoche:	Bewegungsmuster:
7.	einzelne Rumpfmuskeln
8.	Bewegungen von Lippenmuskeln
9.	isolierte Armbewegungen
9.-10.	isolierte Beinbewegungen
9.-10.	Kopfretroflexion
10.	Kopfrotation
10.-11.	Hand-Gesicht-Kontakt
11.	Atembewegungen
11.	Unterkieferbewegungen
11.-12.	Gähnen
12.-13.	Saugen und Schlucken

Dabei erfolgt die frühe Funktionsaufnahme vor allem in denjenigen Muskelgruppen, die bereits unmittelbar nach der Geburt – unter Umständen auch bei einer Frühgeburt – lebenswichtige Funktionen zu erfüllen haben.

Diese spontanen Zuckungen werden nach ihrem ersten Auftreten immer und immer wiederholt. Dadurch festigt sich nicht nur die Innervationsverbindung der einzelnen Muskelfasern, sondern sie werden in dem sich bildenden neuronalen Netzwerk zu Gruppen zusammengefaßt. Parallel dazu bilden sich kinästhetische Rezeptoren, die den Kontraktionsvorgang über afferente Nervenfasern an das Rückenmark zurückmelden. Durch netzförmige Verbindungen zwischen den efferenten und afferenten Neuronen im neuronalen Netzwerk des ZNS entstehen zunehmend selbstorganisierende funktionelle Systeme, die bei wiederholter Aktivierung immer größere Muskelgruppen zusammenfassen und durch die Herstellung stabiler variabler Verbindungen auf die spätere Ausführung immer komplizierterer Bewegungsprogramme vorbereiten. Schon zu einem frühen Zeitpunkt werden auch lokale vegetative Funktionen zur Versorgung der beteiligten Nerven- und Muskelzellen einbezogen, und die neuronalen Verschaltungen der selbstorganisierenden funktionellen Systeme erstrecken sich über immer größere Anteile des Rückenmarks und der angrenzenden Abschnitte des zunehmend reifenden Gehirns.

Ultraschalluntersuchungen von NIJHUIS und Mitarbeitern (1992) an menschlichen Feten haben ergeben, daß zwischen den verschiedenen motorischen Aktivierungen in der frühen Entwicklungsphase keinerlei zeitliche Abstimmung besteht. Die selbstorganisierenden funktionellen Systeme für die verschiedenen Partialbewegungen bilden sich also anfangs getrennt voneinander aus. Erst wenn sich ihre Verbindungen durch ständiges Wiederholen ausreichend stabilisiert haben, finden über die verschiedenen Rückenmarkssegmente hinweg bis hin zum Stammhirn funktionelle Kopplungen durch neuronale Verschaltungen statt. In der Abbildung 12 ist eine derartige Neuorganisation wiedergegeben, die in diesem Falle zwischen der 34. und 38. Woche stattgefunden hat. Registriert wurde der parallele Funktionsablauf der Herzfrequenz, der Körperbewegungen und der Augenbewegungen eines Fetus. Im Alter von 34 Wochen verlaufen die Frequenzen dieser drei Körperfunktionen

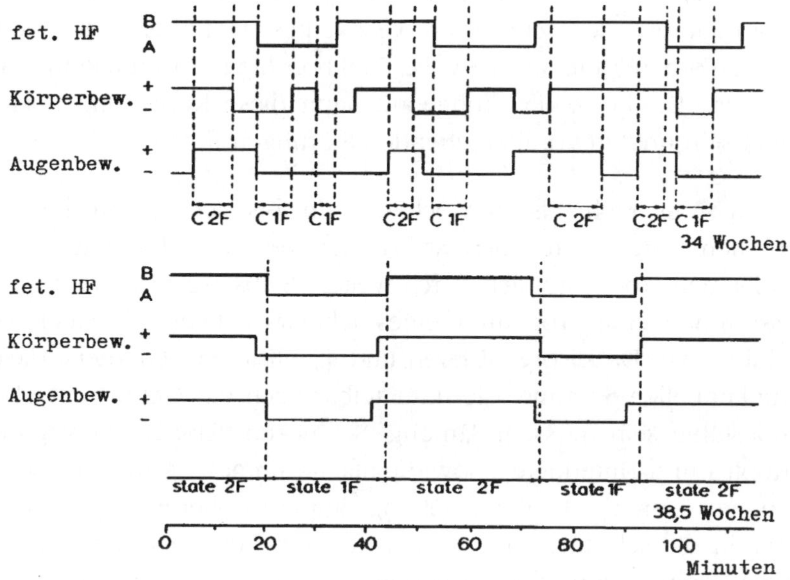

Abb. 12
Paralleler Funktionsablauf von Herzfrequenz, Körperbewegungen und Augenbewegungen bei einem Feten im Alter von 34 Wochen (oben) und 38,5 Wochen (unten). Die fetale Herzfrequenz **(fet. HF)** im Alter von 34 Wochen ist weder mit den Körper- noch mit den Augenbewegungen synchronisiert. Die fet. Herzfrequenz mit 38,5 Wochen zeigt eine volle Synchronisation mit den Körper- und Augenbewegungen (NIJHUIS 1992).

noch völlig unabhängig voneinander. Jede dieser Funktionen stellt also noch ein isoliert verschaltetes funktionelles System dar. In den folgenden 4 Wochen sind die funktionellen Verschaltungen durch ständiges Wiederholen so stabilisiert und aufeinander abgestimmt worden, daß die drei Funktionen synchron ablaufen. Dies ist nicht ständig der Fall, d. h., es ist keine konstante Koppelung. Vielmehr tritt die funktionelle Koppelung der drei Funktionen als selbstorganisierendes System nur dann ein, wenn es für die Realisierung der spontanen Handlung des Fetus erforderlich ist: Blickwendung mit Körperbewegung bei gleichzeitiger Zunahme der

Herzfrequenz. Der Übergang zwischen diesen beiden Entwicklungsstadien vollzieht sich nicht allmählich, sondern entsprechend der Systemtheorie als plötzlicher qualitativer Umschlag (JANTSCH 1986, CAPRA 1996). Diese im Rahmen des neuronalen Netzwerkes stattfindende Koppelung stellt eine Vorbereitung auf die volle Funktionsfähigkeit unmittelbar nach der Geburt dar. Bei einer Frühgeburt kann diese Koppelung noch inkonstant sein und zu vorübergehenden Störungen führen.

Es waren somit mehr als 25 Wochen nötig, bis sich entsprechend der genetischen Vorgabe aus den selbstorganisierenden Programmen der ersten Elementarbewegungen durch weitere Selbstorganisation das komplexere Innervationsprogramm eines lebenswichtigen Verhaltensaktes ausgebildet hat. Dabei organisieren und stabilisieren sich zuerst diejenigen funktionellen Systeme, die unmittelbar nach der Geburt zuverlässig funktionsfähig sein müssen: Atmung, Schlucken, Saugen, Bewegungen des Kopfes und Unterkiefers sowie einfache Rumpf-, Arm- und Beinbewegungen. Durch die Einbeziehung immer höherer Instanzen des Gehirns in die selbstorganisierenden funktionellen Verschaltungen entsteht die Voraussetzung für die Bildung immer komplexerer und variablerer stabiler Verhaltensakte, wie sie für die Weiterentwicklung des kindlichen Organismus und seiner Umweltbeziehungen benötigt werden.

Wenn sich diese funktionellen Verschaltungen korrekt, zeitgerecht und ohne Störungen entwickeln, sind nach der Geburt erst einmal die Voraussetzungen für eine normale Weiterentwicklung vorhanden. Treten jedoch bereits vor der Geburt Störungen in der zeitgerechten stufenförmigen Ausbildung der selbstorganisierenden funktionellen Systeme auf, so ist die weitere harmonische Realisierung des genetischen Planes gestört. Die Ursache kann in Fehlern der genetischen Vorgabe, in toxischen Einwirkungen über das Blut der Mutter (Stoffwechselstörungen, Alkohol, Drogen), in traumatischen Einwirkungen während der Schwangerschaft oder in anderen Ursachen liegen. Wichtig ist es, die eingetretenen Störungen in den zentralen funktionellen Verschaltungen festzustellen und Maßnahmen zu ergreifen, die eine weitgehend der Norm angenäherte weitere Entwicklung des geschädigten Kindes ermöglichen. Besonders dramatisch ist die Situation bei einer Frühgeburt, die zu einem so frühen Zeitpunkt auftritt, daß die pränatale Entwicklung der selbstorganisierenden funktionellen Systeme noch kein selbständiges Überleben des Kindes sichert. In derartigen Fällen sind ganz besondere therapeutische Maßnahmen erforderlich, bei denen die Grundprinzipien der Basalen Stimulation eine entscheidende Rolle spielen (FRÖHLICH 1991, 1997).

Die Entwicklung immer komplexerer selbstorganisierender funktioneller Systeme erfolgt nach der Vorgabe des genetischen Programms und schafft die Voraussetzung für die Durchsetzung der Verhaltensziele des Kindes in seiner zunehmend komplizierter werdenden Umwelt. Durch die Einbeziehung immer höherer Repräsentationsebenen des Gehirns werden die funktionellen Verschaltungen noch variabler und anpassungsfähiger und schaffen eine immer größere Anzahl von Freiheitsgraden für sein Verhalten. Nur dadurch ist das Kind in der Lage, sich in seiner sozialen Umwelt als Mensch zu entfalten.

5.3. Die individuelle menschliche Persönlichkeit

Die sich entwickelnden selbstorganisierenden funktionellen Systeme sind beim Menschen vom ersten Augenblick seiner Existenz an anders organisiert als bei seinen stammesgeschichtlichen Vorfahren. Natürlich wurden auch ihm in der Evolution die gleichen Grundprinzipien des genetischen Programms übertragen, wie sie auch für die anderen Arten des Tierreichs gelten. Doch wie das genetische Programm des Vogels von vornherein auf ein anderes Ziel gerichtet ist als das der Maus oder des Schimpansen, so enthalten die Ordnungsprinzipien des genetischen Programms des Menschen von vornherein das Ziel der Entstehung eines Menschenwesens, und sie entfalten sich von vornherein in dieser Richtung. Auch das Auftreten eines genetischen Defekts führt - wenn das Lebewesen überhaupt noch lebensfähig ist – zu so geringen Veränderungen im genetischen Gesamtprogramm, daß die Grundorientierung der Menschwerdung nicht verloren gehen kann.

Dies bedeutet aber, daß die Verschaltungen im neuronalen Netzwerk von Anfang an so erfolgen, wie sie für die künftige Entwicklung des menschlichen Organismus notwendig sind. Die vorgegebene Entwicklung der selbstorganisierenden Systeme im Rückenmark und im Gehirn des Menschen ist von vornherein in dieser Richtung orientiert. Im Kapitel 3.5. haben wir dies am Beispiel der Entwicklung des Greifens und der Lokomotion gezeigt. Die neuronalen Verschaltungen des Bewegungsprogramms Greifen sind von Beginn an so angelegt, daß sich die spätere Einbindung in den sozial orientierten Prozeß des Zugreifens im zwischenmenschlichen Kontakt oder zur Befriedigung eigener Bedürfnisse ergeben muß. Noch deutlicher ist dies bei der Entwicklung des selbstorganisierenden Systems der Lokomotion. Nach der genetischen Vorgabe ist es von vornherein auf die Ausbildung des aufrechten freien Gangs des Menschen gerichtet. Dabei kann der postnatale Ablauf der Realisierung dieses Programms sich über einen längeren Zeitraum als üblich ausdehnen. Die Ursache hierfür kann im genetischen Programm, wird aber in den meisten Fällen in der Einwirkung epigenetischer Faktoren liegen. Doch wenn keine schweren Schädigungen oder Störungen vorliegen, wird das Ziel des aufrechten Gangs als einer spezifisch menschlichen Eigenschaft realisiert.

Selbst wenn infolge umschriebener Störungen oder Schädigungen das Greifen oder die Lokomotion nicht optimal oder gar nicht realisiert werden können, so sind doch gleichzeitig zahllose andere spezifisch menschliche Eigenschaften im genetischen Programm des Menschen angelegt, die realisiert werden und zu spezifisch menschlichen Verhaltensweisen führen. Ein Mensch mit Down-Syndrom ist ein Mensch und vermag bei richtigem Umgang mit ihm typisch menschliche Verhaltensweisen zu entwickeln, auch wenn die Entwicklung höherer kognitiver Eigenschaften starken Begrenzungen unterliegt. Das gleiche gilt auch für alle anderen schweren organischen oder psychopathologischen Syndrome.

Für alle Maßnahmen der Basalen Stimulation ist die Kenntnis dieser Tatsache von allergrößter Bedeutung. Die Anerkennung der individuellen menschlichen Persönlichkeit ist nicht an eine bestimmte Summe qualitativer Merkmale gebunden. Das Mensch-Werden an sich und das Mensch-Sein an sich stellen einen unbestreitbaren ganzheitlichen Systemfaktor dar, der das Wesen der individuellen menschlichen Persönlichkeit ausmacht. Auch der Mensch mit einem apallischen Syndrom, mit dem wir im

Augenblick keinen Kontakt aufnehmen können, ist für uns bis zu seinem Tode ein Mensch. Wir müssen vom ersten Augenblick seiner Schädigung an alles tun, um sein Mensch-Sein zu erhalten und seine Kontaktfähigkeit wiederherzustellen. Erst wenn alle neuronalen Verschaltungsmöglichkeiten des Gehirns eindeutig verschwunden sind, so daß die Wiederherstellung menschlichen Verhaltens völlig ausgeschlossen ist, sind wir - unter Einhaltung aller bestehenden Vorschriften – berechtigt, den verbliebenen Körper zu opfern.

Der Mensch kann sich zu einer menschlichen Persönlichkeit nur in menschlicher Gemeinschaft entwickeln. Dies gilt vom ersten Augenblick seiner Existenz an. Die menschliche Gemeinschaft ist jedoch verpflichtet, ihm alle Möglichkeiten für diese Entwicklung zu öffnen. Dabei sind nicht nur die äußeren materiellen Bedingungen wichtig, sondern vor allem die zwischenmenschliche Kommunikation, die Einschränkung aller Störungen durch technische Mittel auf ein Mindestmaß und die Fürsorge und Betreuung in liebevoller Hingabe.

6. Multisensorische Integration in der Einheit von Wahrnehmen und Bewegen

Der Mensch verfügt über zahlreiche Sinnesorgane, die Information über Vorgänge aufnehmen, die aus seinem Inneren stammt oder die von der Umwelt auf ihn einwirkt. Diese Information wird dem Zentralnervensystem zugeführt und in sein neuronales Netzwerk zur Verarbeitung eingespeist. Bei der Aufnahme dieser Information handelt es sich um ein komplexes Geschehen, das vom Zentralnervensystem aus gesteuert wird.

Die Aufnahme (Rezeption) der Reize wird durch efferente Impulse aus dem Zentralnervensystem wesentlich beeinflußt. Diese Impulse greifen entweder unmittelbar an den reizaufnehmenden Zellen, den Rezeptoren, an und verändern ihre Erregbarkeit; dies ist z. B. an den Haarzellen der Basilarmembran des Innenohres der Fall. Oder die zentrale Steuerung und Abstimmung erfolgt über die Innervation von Muskeln, die die Rezeptionsbedingungen der Sinnesrezeptoren entsprechend den Bedürfnissen verändern. Bei allen Sinnesorganen findet eine in vielen Fällen sehr differenzierte motorische Regulierung der Reizzufuhr und Reizaufnahme statt, so daß man von einer „Einheit von Wahrnehmen und Bewegen" sprechen kann (WEIZSÄCKER 1943, PICKENHAIN 1992).

Die Sinneswahrnehmungen erfolgen in der Regel multisensorisch, d. h., es sind fast immer mehrere Sinnesorgane gleichzeitig an der Rezeption beteiligt. Sie nehmen unterschiedliche Modalitäten der einwirkenden Reize auf und führen sie dem Zentralnervensystem zu. Dadurch wird die den augenblicklichen Bedürfnissen des Organismus entsprechende optimale Informationszufuhr gesichert. Die von den Rezeptoren ausgehenden Impulse werden in den afferenten Nerven über zahlreiche hintereinander geschaltete Stationen (seriell) oder parallel dem Zentralnervensystem zugeleitet und in das neuronale Netzwerk eingegeben.

Durch die Sinnesorgane wird das Zentralnervensystem ständig über den Zustand des eigenen Organismus und die jeweilige Umweltsituation informiert. Diese Information dient dazu, im Gehirn des betreffenden Menschen eine Vorstellung von seiner gegenwärtigen Umwelt zu erzeugen, sie mit früher gespeicherten Vorstellungen zu vergleichen und damit die Voraussetzungen für sein aktuelles Verhalten zu schaffen. Für die Realisierung dieser Aufgabe entstehen entsprechend dem genetischen Programm im Gehirn die erforderlichen strukturellen und funktionellen Voraussetzungen. Dabei wirken die verschiedenen Sinnesorgane im Laufe der individuellen Entwicklung so zusammen und vermögen sich z. T. sogar zu ersetzen, daß jeweils eine den Bedingungen optimal angepaßte Vorstellung entsteht.

Für die Aufnahme der Umwelteinwirkungen besitzt der Organismus hochdifferenzierte spezielle Organe, in denen die physikalischen oder chemischen Umweltreize in Nervenimpulse umgesetzt und dem Zentralnervensystem zugeleitet werden. Zu den wichtigsten Sinnesorganen des Menschen gehören der Vestibularapparat, die Rezeptoren für die Muskel- und Gelenkempfindungen, die Mechanorezeptoren der Haut für das Berühren und Tasten, die Rezeptoren für die Vibrationswahrnehmung, die Geruchs- und Geschmacksrezeptoren, die Rezeptoren für die Temperaturempfindung und Schmerzreize sowie die Fernsinne Sehen und Hören. Die meisten von ihnen entwickeln sich schon zu früher Embryonalzeit und tragen durch ihre afferenten, meist multimodal verschalteten Impulse wesentlich zum Aufbau des mentalen Repräsentationssystems bei. Beim Ausfall oder bei Störungen einiger von ihnen kann ein weitgehender intermodaler Ausgleich erfolgen, der durch die sozialen Lebensbedingungen des Menschen gefördert wird. Große Bedeutung besitzen sie für die Wahrnehmung des eigenen Körpers, des Körperschemas. Wahrnehmungen aus den inneren Organen treten meist erst bei Mangelzuständen (z. B. Hunger) oder Erkrankungen auf.

Die Aufnahme der Umwelteinwirkungen auf den Organismus durch die Sinnesorgane stellt einen aktiven Prozeß dar, der die Orientierung des Menschen in seiner Umwelt ermöglicht und seine Handlungsfähigkeit sichert. Die eingehenden multisensorischen Informationen werden in das neuronale Netzwerk des Gehirns einge-

geben, in den bestehenden funktionellen Systemen verarbeitet und in die Verhaltenssteuerung des Organismus einbezogen. Die Verfahren der Basalen Stimulation müssen das Ziel haben, die verloren gegangene aktive Aufnahme der multisensorischen Umweltinformationen durch den schwergeschädigten Menschen – so weit irgend möglich, und sei es nur in Ansätzen – wiederherzustellen.

6.1. Orientierung des Kopfes im Raum

In enger räumlicher Verbindung mit dem Innenohr existiert auf beiden Seiten des Kopfes im Felsenbein des Schädelknochens je ein Sinnesorgan, das Gleichgewichtsorgan oder Vestibularorgan, das der Wahrnehmung der Stellung und der Bewegungen des Kopfes im Raum dient. Das Vestibularorgan besteht aus zwei funktionell unterschiedlichen Teilen (Abbildung 13): den 2 Makulaorganen und den 3 Bogengängen.

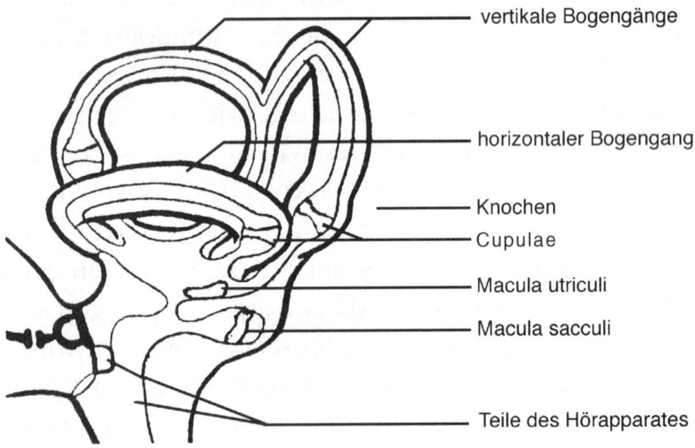

Abb. 13
Schematische Darstellung des vestibulären Labyrinths im Felsenbeinknochen. Die in den Maculae des Utriculus und des Sacculus befindlichen Rezeptoren werden durch die Schwerkrafteinwirkung der Erde gereizt. In den drei senkrecht aufeinander stehenden Bogengängen befinden sich die Sinnesrezeptoren in den Cupulae. Ihre Reizung erfolgt durch den Druck der in den Bogengängen befindlichen Endolymphe bei jeder Kopfbewegung. Unten sieht man in der Abbildung den Zugang zu dem ebenfalls im Felsenbein liegenden Innenohr.

In jedem dieser fünf Gebilde befindet sich an umschriebener Stelle ein Sinnesepithel, das von einer gallertigen Masse überzogen ist. Die Hohlräume des Vestibularorgans sind mit Flüssigkeit (Endolymphe) gefüllt. Die Sinneszellen des Vestibularorgans besitzen winzige haarförmige Fortsätze, die durch Bewegungen der Endolymphe gereizt werden.

In den beiden Makulaorganen, der Macula utriculi und der Macula sacculi, wird die Schwerkrafteinwirkung der Erde wahrgenommen. Immer wenn das Sinnesepithel der Macula utriculi bzw. der Macula sacculi nicht genau horizontal liegt, werden ihre Sinneszellen durch den Druck der Endolymphe gereizt. Für die Rezeptoren in den drei Bogengängen sind dagegen Drehbeschleunigungen des Kopfes der natürliche Reiz. Die Bogengänge stehen senkrecht aufeinander. Bei jeder Kopfbewegung führt die relativ träge Endolymphe in den Bogengängen zu einer Verbiegung der Sinneshärchen, die über afferente Nerven dem Zentralnervensystem mitgeteilt wird. Diese afferenten Impulse aus dem Vestibularorgan dienen zusammen mit kinästhetischer Information (Kapitel 6.2.) der Gleichgewichtserhaltung beim Gehen und Stehen, der Steuerung von Augenbewegungen, der Feinabstimmung der Motorik über das Kleinhirn, und die in das neuronale Netzwerk des Gehirns eingespeisten Impulse tragen zur bewußten Wahrnehmung der Stellung des Körpers im Raum bei.

Wir wissen nicht, wann die das Gleichgewichtssystem bildenden Strukturen beim menschlichen Fetus ihre Funktion aufnehmen; doch wird dies vermutlich gegen Ende der ersten Schwangerschaftshälfte der Fall sein. Amerikanische Wissenschaftler untersuchten, welchen Einfluß die Schwerkraft der Erde auf die Reifung des Gleichgewichtssystems bei embryonalen Ratten ausübt. Sie schickten 10 trächtige Ratten mit einem Raumfahrzeug in eine Umlaufbahn um die Erde. Nach 11 Tagen kehrte das Raumfahrzeug zur Erde zurück. Zwei Tage später brachten die Ratten ihre Jungen zur Welt. Die Bewegungen zur Aufrichtung des Körpers im Schwerefeld der Erde waren bei diesen neugeborenen Ratten – verglichen mit normalen Tieren – stark verlangsamt und unsicher. Unter den Bedingungen der Schwerelosigkeit waren in den Makulaorganen des Innenohres keine Nervenimpulse ausgelöst worden, so daß die genetisch angelegten Verbindungen des Gleichgewichtssystems zur Wahrnehmung der Schwerkrafteinwirkung der Erde ihre Funktion noch nicht hatten aufnehmen können (PICKENHAIN 1996).

Schaukelbewegungen, rhythmische Bewegungen des ganzen Körpers, Umhergehen und andere nicht allzu abrupt ausgeführte Ganzkörperbewegungen der Mutter stellen für den in der Gebärmutter befindlichen Fetus ein wichtiges variables Training seines Gleichgewichtssystems dar. Unter ihrem Einfluß bilden sich bereits Verschaltungen zur Auslösung von Augenbewegungen (Sakkaden), elementare Steuerungen von Kopfbewegungen und andere zentrale Verbindungen aus, die für das Verhalten des Fetus in der Gebärmutter und unmittelbar nach der Geburt von Bedeutung sind.

Mit der Geburt, d. h. durch den Übergang des Kindes aus der Gebärmutterflüssigkeit an die Luft, verändern sich plötzlich die Schwerkrafteinwirkungen, und es muß eine erneute, genetisch vorgeprägte Anpassung des Gleichgewichtssystems an die neuen Umweltbedingungen stattfinden. Das Neugeborene ist jetzt in sozial geprägte Bedingungen eingebettet, und es werden zunehmend weitere Bereiche der Motorik in die Sicherung der Körperstellung, der Körperbewegungen und des Körpergleichgewichts einbezogen. Die weitere Entwicklung der vestibulären Sinnesmodalitäten und ihre immer stärkere Einbeziehung in zentrale multimodale Funktionssysteme ist für die Gesamtanpassung und Orientierung des Säuglings im Raum von großer Bedeutung.

Während der frühen Gesamtentwicklung kommt den Rezeptoren des Vestibularapparats große Bedeutung zu; sie werden gereizt durch vielfältige Körperbewegungen der Mutter, durch Schaukeln, rhythmische Bewegungen, Bewegungen beim Tragen des Kindes am Körper u. a. Die wechselnden Positionen, Beschleunigungen und Verlagerungen des kindlichen Körpers dienen der frühen Ausbildung der Körpererfahrung und der Reifung des im genetischen Programm vorgegebenen Körper-Ich.

6.2. Muskel- und Gelenkempfindungen

Ein weiteres wichtiges sensorisches System ist das kinästhetische System, das System der Bewegungswahrnehmung. Unter diesem Begriff werden alle afferenten Impulse zusammengefaßt, die dem Zentralnervensystem unmittelbare Information über die Ausführung von Bewegungen zuführen. Die Rezeptoren (Propriorezeptoren), bei deren Reizung diese Impulse entstehen, befinden sich im Muskel selbst (die Muskelspindeln), an den Sehnenansätzen, in den Gelenken und in der Haut.

Ob die ersten Ansätze für die Entwicklung dieses Systems der Bewegungswahrnehmung bereits vor dem Ende des zweiten Embryonalmonats, d. h. zu dem Zeitpunkt beginnen, zu dem die ersten spontanen Muskelkontraktionen auftreten, ist nicht bekannt. Es ist eher mit einer etwas späteren Funktionsaufnahme zu rechnen. Die bei Bewegung auftretende Information wird in das sich zunehmend ausbildende neuronale Netzwerk des Gehirns eingegeben und bei immer erneuter Eingabe in variablen Kombinationen gespeichert. Durch die ständigen Wiederholungen bilden sich in der weiteren Entwicklung aus den zuerst isoliert auftretenden elementaren Informationsspeichern immer komplexere Verschaltungen. Sie stellen eine Grundlage für die Ausbildung der mentalen Repräsentation der Bewegung, der Stellung und der Kraftausübung der Körperteile, insbesondere der Körpergliedmaßen, dar. Ergänzt werden sie durch Information aus dem Gleichgewichtsapparat und später durch die multimodale Information anderer Sinnesorgane.

Auch bei passiver Bewegung einer Gliedmaße oder des Kopfes werden die in diesem Gebiet liegenden Propriorezeptoren gereizt und senden afferente Impulse in das multisensorische Netzwerk der mentalen Repräsentation. Da diese Information jedoch ohne die gleichzeitige Information über die diese Bewegung auslösenden efferenten motorischen Impulse eintrifft, kann sie nicht im gleichen Maße zur Stabilisierung des neuronalen Netzwerkes beitragen, wie dies bei der Information über eine aktive Bewegung der Fall ist. Vor allem können wir davon ausgehen, daß ihre Weitergabe an höhere Integrationsinstanzen unterbleibt und den gewünschten Stabilisierungeffekt nicht in ausreichendem Maße erreicht. Das Ziel der Durchführung passiver Bewegungen bei einem schwerstgeschädigten Menschen muß deshalb darin bestehen, den Anstoß für die Ausführung eigener aktiver Bewegungen durch den Patienten zu geben.

Die kinästhetischen Wahrnehmungen sind von großer Bedeutung für das Körper-Bewußtsein. Die Durchführung und Wahrnehmung von Eigenbewegungen im Raum ist für den schwer- und schwerstgeschädigten Menschen ein wichtiger Weg zur Wiederherstellung des Bewußtseins der eigenen Identität. Außerdem sind Eigenbewegungen als eine Komponente der multimodalen Integration eine Voraussetzung für die Wiederaufnahme aktiver Beziehungen zur Umwelt. Das Bestreben des Therapeuten sollte es deshalb immer sein, den Geschädigten durch vorsichtig ausgeführte variable passive Bewegungen zur Ausführung aktiver Eigenbewegungen zu veranlassen.

6.3. Berühren und Tasten

Solange der Fetus noch in der Amnionflüssigkeit schwimmt, kommen die verschiedensten Teile seiner Körperoberfläche mit dem Amnionepithel in Berührung. Dabei werden die oberflächlichen Hautrezeptoren kurzfristig gereizt. Der Zeitpunkt, von dem an dies geschieht, ist unbekannt. In den späteren Monaten der Schwangerschaft wird der Fetus immer fester von der Uteruswand umschlossen, und seine Körperoberfläche unterliegt zunehmender Druckeinwirkung. Welchen Einfluß dies auf die Oberflächen- und Tiefenrezeptoren der Haut des Fetus hat, wissen wir nicht.

Doch wie wir bereits erwähnt haben, treten die ersten Spontanbewegungen des Fetus von der siebenten Lebenswoche an auf. Auch hierbei kommt es zu wechselnden Berührungen verschiedener Stellen der Hautoberfläche mit dem Amnionepithel, mit der Nabelschnur und mit der Haut eigener Körperteile. Von diesem Zeitpunkt an beginnen die Hautrezeptoren entsprechend dem genetischen Programm zu reifen und Information in das neuronale Netzwerk des Zentralnervensystems zu senden. Die Reifung der Rezeptoren beginnt an den Körperstellen mit der höchsten Rezeptorendichte, an der Hand und in der Mundgegend (s. Abbildung 15), und breitet sich bis zur 14. Fetalwoche fast auf die ganze Körperoberfläche aus. Die Information aus den Hautrezeptoren liefert somit beim Neugeborenen einen wichtigen Beitrag für das multimodale neuronale Repräsentationsnetz.

Die Rezeption (Sinneswahrnehmung) an der Körperoberfläche ist für den Menschen von besonderer Bedeutung, denn diese ist die Grenze zwischen dem Organismus und seiner Umwelt. Für seine aktiven Umweltbeziehungen ist von Bedeutung, daß er diese Grenze jederzeit exakt wahrnehmen kann. Auch ist die Qualität der Berührungsreize für die sich daraus ergebenden Handlungen wichtig. Die Hautrezeptoren reagieren auf Berührung, Druck und Vibration (Kapitel 6.5.), wobei der Mensch durch sie wesentliche Qualitäts-

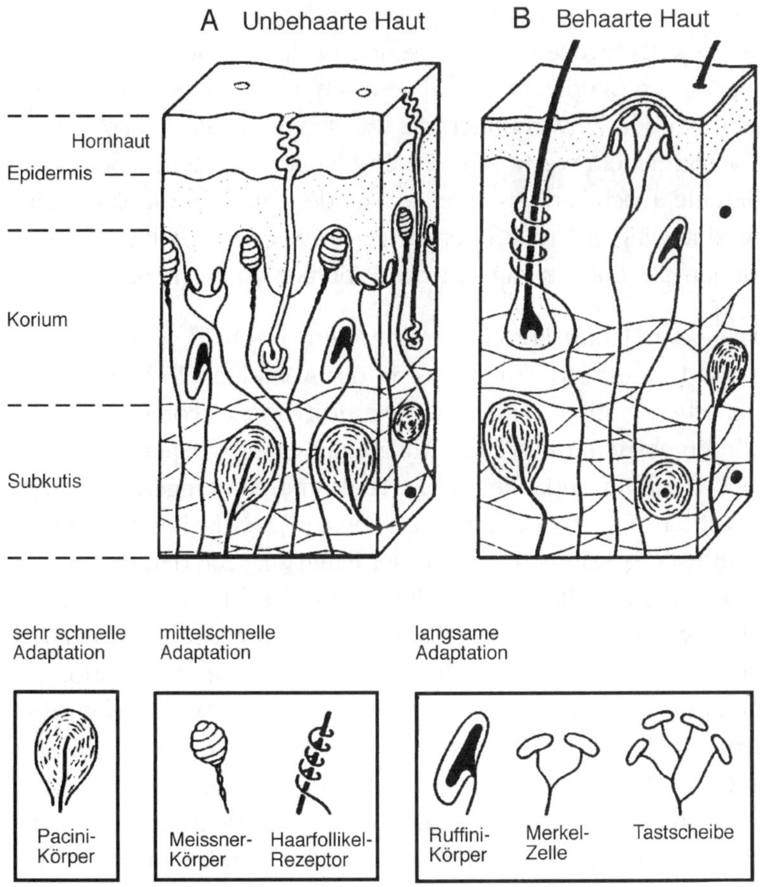

Abb. 14

Schematische Darstellung der Struktur und Lage von Mechanorezeptoren in der unbehaarten (A) und behaarten Haut (B) des Menschen. Unten sind die verschiedenen Rezeptoren nach ihrem Adaptationsverhalten zusammengefaßt.

unterschiede der berührten oder getasteten Oberfläche wahrzunehmen vermag. Die Hautrezeptoren passen sich diesen Einwirkungen unterschiedlich schnell an und senden dann keine Information mehr aus. Man bezeichnet diesen Vorgang als Adaptation. So nehmen wir die Berührung und den Druck unserer Kleidung auf der Haut schon nach wenigen Minuten nicht mehr wahr, wenn es sich um gut sitzende und gewohnte Kleidungsstücke handelt. Dieser Adaptationsvorgang ist wichtig, da unser Gehirn sonst ständig von einer nicht zu bewältigenden Fülle von afferenten Informationen aus der Haut überflutet würde. In der Abbildung 14 ist die Lage der verschiedenen Typen von Hautrezeptoren in der unbehaarten und der behaarten Haut wiedergegeben. Wie zu sehen ist, liegen die langsam adaptierenden Rezeptoren oberflächlicher als die schnell adaptierenden. Diese Tatsache kann bei den Einwirkungen der basalen Stimulation eine Rolle spielen. Zärtliches Streicheln weckt stärkere und länger anhaltende positive emotionale Gefühle. Doch kann es unter Umständen auch zweckmäßig sein, durch starken kurzzeitigen Druck über die Pacini-Körperchen bzw. freie Nervenendigungen die Aufmerksamkeit des Patienten zu wecken.

Die Dichte der Hautrezeptoren weist in den verschiedenen Körperregionen sehr große Unterschiede auf. Sie ist in der Abbildung 15 beim erwachsenenen Menschen grafisch dargestellt. Die größte Rezeptorendichte besteht in den Körpergebieten, die für die Ausübung seiner sozialen Funktionen von größter Bedeutung sind. Dies ist die Hand mit den Fingerkuppen; sie dient dem Berühren, Tasten und Erkennen feinster Oberflächenunterschiede. Die Besonderheit des Daumens liegt in der Fähigkeit, sich den vier anderen Fingern gegenüberzustellen und dadurch das Greifen in optimaler Weise zu ermöglichen. Durch die ebenfalls sehr fein entwickelte und differenziert innervierte Finger- und Handmuskulatur mit ihren Propriorezeptoren besteht ein hoch entwickeltes sensorisch-taktiles Wahrnehmungssystem, das dem Menschen die Möglichkeit gibt, feinste Unterschiede getasteter Oberflächenstrukturen wahrzunehmen und zu unterscheiden. Es ist auch ein Erfahrungsbereich, der das Bedürfnis des Menschen nach zärtlicher Berührung als Zeichen unmittelbarer sozialer Kontaktaufnahme mit anderen Menschen unter hoher emotionaler Beteiligung zu erfüllen vermag. Die afferenten Impulse werden vor allem in das limbische System eingespeist und von dort in die höchsten Integrationsebenen sozialer Bewertung und Entscheidungsfindung weitergeleitet.

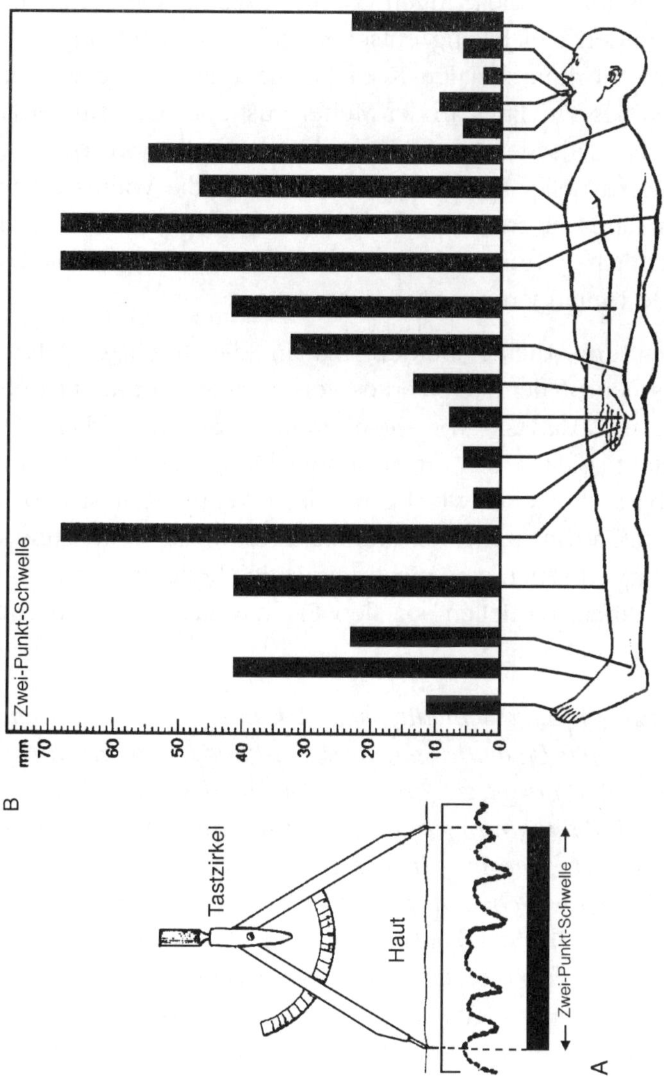

Abb. 15

Simultane Raumschwellen (Zweipunktschwellen) des Erwachsenen. **A** Meßmethode: mit den abgestumpften Spitzen eines Stechzirkels wird der minimale Abstand bestimmt, bei dem die beiden Reizpunkte gerade noch als getrennt wahrgenommen werden können. **B** Größe der Zweipunktschwelle der Haut an verschiedenen Körperstellen des Menschen.

Das zweite Oberflächengebiet der Haut und der Schleimhaut mit hoher Dichte an Rezeptoren und gleichzeitig subtiler motorischer Innervation ist der Bereich der Zunge, der Lippen, der Wangen und des Kehlkopfs. Auch diese Gebiete entwickeln sich sehr frühzeitig, erfüllen lebenswichtige biotische Funktionen wie Saugen, Nahrungsaufnahme, Schlucken und Atmen und bilden gleichzeitig entscheidende Voraussetzungen für den zwischenmenschlichen sozialen Kontakt. Sie spielen eine wichtige Rolle beim Saugen des Säuglings an der Mutterbrust und beim Küssen als Ausdruck positiver zwischenmenschlicher Kommunikation oder als Bestandteil intimer sexueller Beziehungen. Sie stellen die Voraussetzung dar für die hoch differenzierte Vokalisation der Sprache, für die Realisierung der sprachlichen Kommunikation und für die Kommunikation durch nichtverbale Lautäußerungen und Singen.

Die große Bedeutung dieser beiden bis in die höchsten Steuerungssysteme des neuronalen Netzwerkes verschalteten Funktionskreise zeigt sich auch darin, daß sie von vornherein zusammenwirken. Der Hand-Mund-Kontakt spielt schon für die Entwicklung des menschlichen Fetus in der Gebärmutter eine wichtige Rolle, er entwickelt sich beim Säugling und Kleinkind in immer differenzierterer Weise weiter, und er spielt auch beim Erwachsenen eine nicht unwichtige Rolle. In ihm kommt das Streben nach einem partiellen sozialen Eigenkontakt des Menschen zum Ausdruck.

Taktile Einwirkungen unterschiedlichster Art sind bei der Basalen Stimulation von großer Bedeutung. Die Haut ist das größte für äußere Einwirkungen überhaupt zugängliche Organ des menschlichen Körpers. Die multimodale Information der durch Berührung, Vibration und Druck verschiedenster Art gereizten Rezeptoren wird in alle mentalen Repräsentationsebenen des Gehirns eingespeist, wenn die Voraussetzungen dafür noch gegeben sind. Sie können unter bestimmten Umständen motorische Aktionen auslösen, reale Bewegungen oder auch Bewegungen, die sich nur als Vorstellungen im mentalen Bereich abspielen. Doch auch das letztere ist schon ein wichtiger Schritt, wenn wir ihn auch nicht unmittelbar beobachten können. Taktile Reizungen stellen damit eine Beziehungsebene zu dem Patienten her, die so oft wie möglich genutzt werden sollte.

6.4. Geruch und Geschmack

Die Amnionflüssigkeit, die den Fetus in der Gebärmutter umgibt, enthält eine Reihe von Substanzen wie Milchsäure, Fettsäuren, Harnsäure, Aminosäuren und andere, die die Chemorezeptoren im Mund und in der Nase zu reizen vermögen. Von den Geschmacksrezeptoren wissen wir, daß sie schon von der 12. Schwangerschaftswoche an funktionsfähig sind. Lange Zeit umstritten war die Frage, ob auch die Geruchsrezeptoren im Bereich der oberen Nasenmuschel bereits in der Gebärmutter ihre Funktion aufnehmen können, da sie ständig von der Amnionflüssigkeit umspült werden. Es konnte jedoch nachgewiesen werden, daß die Geruchsrezeptoren auch durch Substanzen erregt werden können, die in der Amnionflüssigkeit gelöst sind oder auf dem Blutweg in die Kapillaren der Nasenschleimhaut gelangen.

Ob die Chemorezeptoren des Fetus tatsächlich vor der Geburt bereits Reaktionen auslösen, wissen wir nicht. Doch ist sicher, daß entsprechend der genetischen Vorgabe auch von diesen Rezeptoren schon vor der Geburt afferente Impulse ins limbische System einschließlich der Amygdala gelangen, wo primär emotionale Reaktionen entstehen können. Zugleich werden sie in die multimodalen Verschaltungen des neuronalen Netzwerkes einbezogen, das unmittelbar nach der Geburt – auch bei Frühgeborenen – im Rahmen des Gesamtverhaltens des Neugeborenen sofort für die integrative Funktionsaufnahme bereitsteht.

Geruchs- und Geschmacksreize gehören zu den phylogenetisch ältesten Reizen. Sie spielen beim Menschen vor allem für die soziale Kommunikation, für die Nahrungsaufnahme und für die Vermeidung ungünstiger ökologischer Umweltbedingungen eine Rolle. Ihre multimodale Verarbeitung erfolgt in erster Linie in den tieferen Abschnitten des Gehirns. Sie können jedoch auch an Entscheidungsprozessen in höheren Abschnitten des Gehirns beteiligt sein (soziale Akzeptanz, Körpergeruch, Wahl von Nahrungsmitteln, Parfüm). Da es sich um relativ elementare Funktionen handelt, kann ihr Einsatz bei der Basalen Stimulation eine wichtige Rolle spielen und sollte auf jeden Fall versucht werden.

6.5. Vibrationssinn

Vibrationen werden von Rezeptoren in den Gelenkkapseln, an den Muskelansätzen am Knochen und an der Hautoberfläche von den relativ tief (in der Subkutis) liegenden Pacini-Körperchen rezipiert (vgl. Abbildung 14). Diese Pacini-Körperchen weisen eine sehr schnelle Adaptation auf, so daß sie in der Lage sind, schnell aufeinanderfolgende Einzelreize getrennt, d. h. als Vibration, aufzunehmen. Sie reagieren also nicht auf Dauerdruck, sondern nur auf Druckbeschleunigung. Die Reizschwelle der Pacini-Körperchen ist im Frequenzbereich von 100–300 Hz sehr niedrig. Bei Vibrationsreizung werden synchron mit jeder Sinusperiode Aktionspotentiale ausgelöst, die dem Zentralnervensystem zugeleitet werden. Infolge ihrer besonders tiefen Lage ist die Lokalisation der Reizstelle wesentlich ungenauer als bei den oberflächlicher liegenden taktilen Rezeptoren. Die Funktion der Vibrationsrezeption beginnt sich wie die Funktion der anderen Hautrezeptoren zwischen der 12. und 14. Lebenswoche des Embryos auszubilden. Sie werden in der Gebärmutter kontinuierlich durch Vibrationen gereizt, die von den inneren Organen der Mutter ausgehen (Kreislaufsystem, Verdauungssystem, Atmung, Kontraktionen der Bauchmuskeln u.a.). Die afferente Informationszufuhr zum Zentralnervensystem verläuft zuerst parallel zu den anderen Afferenzen der Hautoberfläche, führt aber sehr bald zu immer komplexeren Verschaltungen im neuronalen Netzwerk, in die auch die Information anderer Modalitäten sowie efferenter und reafferenter motorischer Impulse mit einbezogen wird. Die kontinuierlichen Vibrationsreize stellen somit eine ständige innige Verbindung zwischen dem Fetus und seiner Mutter her. Obwohl die in der Gebärmutter aufgenommenen kontinuierlichen Vibrationsreize mit der Geburt verschwinden, treten auch weiterhin bei dem vielfältig wechselnden Umweltverhalten des Säuglings und Kleinkindes lokale Reizungen der Pacini-Körperchen auf und werden in die multimodale Informationszufuhr eingegeben. Da ihre zentralen Verschaltungen nach wie vor existieren, kann bei dem Kleinkind oder auch in einem späteren Alter beim Ausfall anderer lebenswichtiger Afferenzen für ihre Auslösung ein besonderes Bedürfnis bestehen. Spezielle Vibrationsangebote, die sich auf diese gefestigten neuronalen Verschaltungssysteme stützen, können zur Wieder- oder Neuerschließung unterschiedlicher Wahrnehmungsbereiche dienen. Dieses Ergebnis kann aber nur erreicht werden, wenn die Aktivierung der Vibrationsrezeptoren im Zusammenhang mit sozialer Zuwendung und zärtlicher taktiler Kommunikation erfolgt. Unter Umständen kann das schwerstgeschädigte Kind durch eigene Handlungen automatisierte motorische Mechanismen in Gang setzen, die der Erfüllung dieses Bedürfnisses dienen.

Von den verschiedensten Körperfunktionen der Mutter ausgehende Vibrationsreize werden vom Embryo vom Ende des 2. Lebensmonats an über die in der Tiefe der Haut liegenden Pacini-Körperchen rezipiert. Durch die Einbeziehung ihrer afferenten Impulse in die beginnenden multimodalen Verschaltungen des sich ausbildenden neuronalen Netzwerks erhalten diese Afferenzen große Bedeutung für den Aufbau der „inneren Welt“ des Fetus sowie für die Aufrechterhaltung der ununterbrochenen Beziehungen des Fetus zu seiner Mutter. Mit der Geburt bricht dieser Kontakt ab und wird durch andere multisensorische soziale Beziehungskontakte ersetzt. Beim umfangreichen Ausfall anderer Afferenzen kann jedoch diesen elementaren Verknüpfungen aus frühester ontogenetischer Entwicklungszeit wieder große Bedeutung zukommen.

6.6 Temperaturwahrnehmung

Die Temperaturwahrnehmung an der Hautoberfläche erfolgt getrennt über Kälte- und Wärmesensoren, die ähnlich wie die Tastrezeptoren über die Haut verteilt sind. Die Anzahl der Kältesensoren ist größer als die der Wärmesensoren, und sie liegen oberflächlicher. So weisen die Handflächen pro cm^2 1 bis 5 Kältesensoren auf, aber nur 0,4 Wärmesensoren. Die größte Dichte haben sie in der besonders temperaturempfindlichen Gesichtsregion. Bei diesen Sensoren handelt es sich um primäre Sinneszellen, d. h., der periphere Abschnitt des afferenten Axons ist die rezeptive Struktur. Diese liegt direkt unter oder auch in der Haut und bildet das rezeptive Feld. Sie leitet ihre Information über Interneurone in den Hypothalamus. Von dort aus werden die notwendigen vegetativen Regulationen zur Erhaltung und Anpassung der erforderlichen Körperwärme veranlaßt (Stoffwechseländerungen, Muskelzittern, Kontraktion der Hautgefäße, Schwitzen u.a.). An diesen Regulationsvorgängen sind auch Temperaturrezeptoren im Inneren des Organismus beteiligt. Die Information wird aber auch in höhere Regionen des neuronalen Netzwerkes weitergegeben (limbisches System, Hirnrinde) und führt dort zu Lust- und Unlustgefühlen, aber auch zu kognitiven Handlungen, die das Ziel haben, den Wärmeverlust einzudämmen oder zu erhöhen.

Die funktionsfähige Ausbildung der Temperaturrezeption des Fetus findet erst im späteren Teil der Schwangerschaft statt. Deshalb ist bei Frühgeburten die Herstellung einer konstanten optimalen Umgebungstemperatur lebenswichtig. Auch bei normaler Geburtszeit sind für die Erhaltung der erforderlichen Körpertemperatur im genetischen Programm besondere Maßnahmen vorgesehen. Da der Wärmeverlust der im Verhältnis zur Körpermasse relativ großen Körperoberfläche größer ist als beim Erwachsenen und noch nicht ausreichend Muskelkontraktionen wie Muskelzittern zur Wärmeproduktion herangezogen werden können, besitzt das Neugeborene vor allem im Schulter- und Oberkörperbereich ein sog. braunes Fettgewebe, das der zusätzlichen Wärmebildung dient.

Der Aufrechterhaltung der normalen Körpertemperatur ist bei schwer- und schwerstgeschädigten Kindern und Erwachsenen große Aufmerksamkeit zu widmen. Dabei kann Überhitzung genau so schädlich sein wie Unterkühlung. Bei erhöhter Muskelspannung übt bis zur Körpertemperatur erwärmtes Wasser über die Temperaturrezeptoren der Haut eine entspannende Wirkung aus.

6.7. Schmerz

Schmerzempfindungen können wahrgenommen werden, wenn schädigende oder bedrohende Reize auf den Organismus einwirken. Die Schmerzrezeptoren (Nozizeptoren) sind meist freie Nervenendigungen; ihre Anzahl in der Haut ist deutlich größer als die der Druckpunkte (9:1). Viele von ihnen befinden sich aber in einem inaktiven Zustand und werden erst beim Auftreten krankhafter Erscheinungen aktivierbar. Da die Nozizeptoren sowohl durch mechanische (Nadelstich) als auch durch thermische (Hitze, Kälte) und chemische Reize gereizt werden können, bezeichnet man sie als polymodal. Sie sind auch in allen inneren Organen des Menschen vorhanden. Die durch ihre Reizung ausgelösten Afferenzen werden in alle Ebenen des Zentralnervensystems geleitet und führen zu physiologischen Veränderungen (z. B. Muskelspannung), motorischen Reaktionen (Schonverhalten, Gesichtsausdruck) und subjektiven Schmerzerscheinungen.

Die Abwehrreaktionen auf Schmerzreize sind nicht angeboren, sondern werden vom frühkindlichen Organismus erst erlernt. Mit der differenzierten Verarbeitung der Schmerzafferenzen im neuronalen Netzwerk des Zentralnervensystems und Gehirns vollzieht sich der allmähliche Übergang von diffusen Allgemeinreaktionen (Schreien, Um-Sich-Schlagen, Weinen) zu immer deutlicher lokalisierten Empfindungen und Reaktionen. In jedem Falle spielt die affektiv-emotionale Komponente eine wichtige Rolle. Nicht selten entspricht der Schmerzäußerung gar keine lokale schädliche Einwirkung. Dies bedeutet aber nicht, daß die Schmerzäußerung nur vorgetäuscht wird. Vielmehr entsteht der subjektive Schmerz in solchen Fällen im Bereich der mentalen Repräsentationsebene (z. B. Phantomschmerz, s. Kapitel 7.5). Das Auftreten kann nicht selten auch durch das Fehlen liebevoller Fürsorge verstärkt oder überhaupt erst ausgelöst werden.

Das Auftreten von Schmerzempfindungen und -reaktionen kommt durch weitreichende, von starken negativen Emotionen begleitete Aktivierungen im neuronalen Netzwerk des Gehirns zustande. Ihre Beseitigung erfordert nicht nur die Bekämpfung der auslösenden Ursache, sondern vor allem auch verständnisvolle, zärtliche Zuwendung und Fürsorge.

6.8. Die Fernsinne

Auch die Reifung der Fernsinne (Sehen und Hören) vollzieht sich so, daß sie unmittelbar nach der Geburt elementare Information in das funktionelle System der sich ausbildenden multimodalen mentalen Repräsentation eingeben können. Zwischen dem Sehen und dem Hören besteht insofern ein Unterschied, als visuelle Reize in der Gebärmutter nur ausnahmsweise und bei hoher Intensität die Augen des Fetus erreichen, während akustische Reize schon sehr früh recht differenziert aufgenommen werden können und bereits intrauterin nachweisbare Speicherungen von Tönen, Lauten und Musik im neuronalen Netzwerk der mentalen Repräsentation stattfinden. Beide Sinnessysteme weisen jedoch schon unmittelbar nach der Geburt eine elementare Funktionsfähigkeit auf. Dies unterstreicht die entscheidende Rolle der genetischen Programmierung bei der pränatalen Entwicklung der Sinneswahrnehmung.

Sehen

Wann die Sehrezeptoren des Fetus funktionsfähig werden, ist schwer festzustellen, da sie in der Gebärmutter noch keine spezifische Funktion ausüben können. Nachgewiesen wurde allerdings, daß von der 26. Schwangerschaftswoche an durch intensive Lichteinwirkung auf den Bauch der schwangeren Mutter Bewegungen des Fetus und Beschleunigungen seiner Herzfrequenz ausgelöst werden können. Die genetische Vorgabe ist so programmiert, daß die visuellen Afferenzen bereits mehrere Wochen vor der üblichen Geburtszeit funktionsbereit sind und Information an das multimodal verschaltete neuronale Netzwerk des Gehirns liefern können. Damit ist die Funktionsbereitschaft auch bei Frühgeburten gesichert. Die ontogenetische Entwicklung der elementaren Sehfunktion und ihrer mentalen Repräsentationsgebiete in der Hirnrinde wurde bereits im Kapitel 3.4. als Beispiel der Informationsaufnahme und Informationsverarbeitung geschildert. Wir müssen ergänzen, daß die visuelle Information entweder direkt oder nach integrativer Verarbeitung in der Okzipitalrinde zunehmend in eine große Anzahl höherer mentaler Repräsentationsgebiete der Hirnrinde und in subkortikale Regionen weitergeleitet und dort multimodal gespeichert und weiterverarbeitet wird. So existiert in der Frontalrinde nahe der prämotorischen Rindenregion ein frontales Augenfeld, von dem aus u. a. Blickbewegungen gesteuert werden. Im unteren Temporallappen finden sich beidseits Verschaltungen visueller Afferenzen, die der Objekterkennung im Raum dienen. Eine spezielle Region in der Temporalrinde dient der Erkennung von Gesichtern. In der rechten Hemisphäre werden dort bestimmte Gesichter und mimischeAusdrucksformen erkannt, was über das limbische System zu emotionalen Reaktionen führt. In der linken Hemisphäre werden dagegen die einzelnen Bestandteile der Gesichter (Mund, Augen, Nase) erkannt und benannt, aber es wird kein Gesichtsausdruck wahrgenommen. Man kann sagen, daß die visuellen Afferenzen bei der multimodalen Informationsspeicherung und Informationsverarbeitung in den mentalen Repräsentationsgebieten des Menschen eine ganz entscheidende Rolle spielen.

Deshalb stellt der Sehverlust beim jugendlichen oder erwachsenen Menschen eine schwere Beeinträchtigung seiner Umweltbeziehungen dar. Er läßt sich jedoch durch den Einsatz anderer Sinnesmodalitäten in einem bestimmten Maße ausgleichen. Dies geschieht vor allem bei sehr früher Erblindung. In einem solchen Falle finden Umstrukturierungen in den funktionellen Systemen des neuronalen Netzwerkes im Gehirn statt, wodurch sich die Funktionen anderer Sinnesmodalitäten durch verstärkte Verschaltungen und vermehrte Nutzung verfeinern. So kann die Echolokation, d. h. die Aufnahme reflektierter akustischer Reize, die beim normalen Menschen überhaupt keine Rolle zu spielen scheint, von einem blinden Menschen dazu genutzt werden, größere Gegenstände im Raum wahrzunehmen, so daß er ihnen ausweichen kann.

Einige Autoren haben berichtet, daß bei Menschen mit frühzeitiger Erblindung bei der Lösung nicht-visueller (somato-sensorischer, akustischer) Aufgaben ein erhöhter Stoffwechsel in den visuellen Rindenregionen festzustellen war. Sie schlossen daraus, daß diese visuellen Rindenregionen nunmehr für die Lösung nicht-visueller Aufgaben herangezogen würden und sahen darin einen Ausdruck hochgradiger Plastizität. Dies trifft jedoch sicher nicht zu. Zwar treten gewisse funktionelle Umstrukturierungen in den höher organisierten funktionellen Wahrnehmungs- und Handlungssystemen auf. Doch die Mitaktivierung der Sehrinde in den erwähnten Fällen bedeutet nicht, daß in der Sehrinde nunmehr akustische, somatosensorische und andere nicht-visuelle Reize verarbeitet werden. Vielmehr handelt es es sich nur um eine unspezifische Beteiligung an der allgemeinen Aktivierung. Sie weist weder bei quantitativen noch bei qualitativen Veränderungen in der Aufgabenbewältigung Schwankungen auf und hält auch nach Beendigung der gestellten Aufgabe längere Zeit an (RÖDER et al. 1996).

Hören

Geräusche wirken auf den Fetus von Beginn seiner Existenz an ein. Die Hauptgeräuschquellen der Mutter sind ihre Herzschläge, pulsierende Geräusche aus den großen Blutgefäßen und Gasgeräusche aus dem mütterlichen Darm. Diesen ständigen, sehr tiefen Geräuschen (unter 32 Hz) ist die Stimme der Mutter mit einer Lautstärke von etwa 24 dB überlagert. Andere Stimmen als die der Mutter dringen nur mit einer Lautstärke von 8–12 dB über den Hintergrundgeräuschen zu dem Fetus. Die äußeren Laute werden durch die mütterliche Bauchdecke, die Uteruswand und die Amnionflüssigkeit gedämpft, bevor sie den Fetus erreichen. Dies ist bei der Stimme der Mutter nicht der Fall, da sie direkt über Vibrationen ihrer Körpergewebe übertragen wird. Die aus der Umwelt kommenden Geräusche werden somit wesentlich stärker gedämpft als die Geräusche und Laute, die von der Mutter ausgehen. Obwohl sich die Basilarmembran im Innenohr des Fetus erst in einem späteren Stadium der Schwangerschaft funktionsfähig entwickelt, können laute elementare Geräusche doch schon wesentlich früher – möglicherweise schon von der 12. Lebenswoche an – rezipiert und dem Gehirn zugeführt werden. Die Rezeption erfolgt durch Vibrationsrezeptoren, die sich sehr frühzeitig entwickeln. Auch diese Informationen werden schon frühzeitig in das multimodale Informationsnetz einbezogen.

In den letzten Wochen der Schwangerschaft vollzieht sich eine sehr rasche differenzierte Reifung der Rezeptorzellen in der Basilarmembran des fetalen Innenohres. Die vibratorische Rezeption wird damit durch eine akustische Rezeption der auftretenden Schwingungen ergänzt. Damit treten verstärkt sozial gebundene Faktoren in Erscheinung. So konnte gezeigt werden, daß Neugeborene im Alter von 4 Tagen die Sprache der Mutter gegenüber der Sprache einer anderen Frau oder auch gegenüber der Sprache des Vaters deutlich bevorzugen. Wenn die Mutter gegen Ende der Schwangerschaft eine Geschichte wiederholt laut gelesen hat, so folgt das Neugeborene dem erneuten Vorlesen durch die Mutter mit großer Aufmerksamkeit. Wird dieselbe Geschichte von einer anderen Person vorgelesen, ist dies nicht der Fall. Im neuronalen Netzwerk des Gehirns hat das wiederholte Vorlesen durch die Mutter somit deutliche Spuren hinterlassen, die erneut aktiviert werden. Interessant ist, daß es sich dabei um einen sozial determinierten Vorgang handelt, dessen Entstehung und Fixierung genetisch vorgeprägt ist. Er bildet ein Element in dem sozial determinierten Beziehungssystem, das sich im Gehirn des Kindes immer differenzierter ausbildet und in seinem Verhalten zunehmend zum Ausdruck kommt.

Analog reagiert das Neugeborene auch auf ein anderes Element mitmenschlicher sozialer Beziehungen, auf Musik. Wenn es bestimmte Melodien noch im Leib der Mutter wiederholt gehört hat, wird es diese nach der Geburt ebenfalls mit Aufmerksamkeit verfolgen (HEPPER 1992). Dieser frühe Lernprozeß ist ein wichtiges Element der Reifung des Fetus vor der Geburt. Hinzukommt, daß der Fetus schon vor der Geburt nicht nur durch unmittelbare Einwirkungen auf seine Sinnesorgane, sondern auch durch das Verhalten seiner Mutter bestimmte Informationen über Veränderungen in der Umwelt erhält, die sein späteres Verhalten mitbestimmen. So nimmt er schon pränatal Informationen über den Tag-Nacht-Rhythmus und über die Tageslänge wahr, in die er sich nach der Geburt zunehmend einpassen muß.

Im weiteren Verlauf des Lebens werden immer differenziertere Geräusche, Laute und Lautkombinationen als Information über Umweltereignisse genutzt und den zentralen mentalen Repräsentationsgebieten zugeführt. Die von den Hörnerven aufgenommene Information wird über mehrere Zwischenstationen in die primäre Hörrinde am Oberrand des Temporallappens geleitet (vgl. Abbildung 8). Auch hier findet ähnlich wie beim Sehen eine getrennte Verarbeitung unterschiedlicher akustischer Merkmale statt (Tonhöhe, Tonintensität, Schallrichtung u.a.). Es werden akustische Raumkarten angelegt. Die integrierte Information wird an höhere mentale Repräsentationsgebiete weitergegeben, in denen eine multimodale Verarbeitung erfolgt. Gleichzeitig läuft Information in das limbische System, von dem aus gegebenenfalls emotionale Reaktionen ausgelöst werden. Die in dieser Weise komplex und multimodal verschaltete akustische Information liefert wichtige Bausteine für die höchsten mentalen Repräsentationsgebiete des Gehirns, die der unbewußten und bewußten Situationseinschätzung, Entscheidungsfindung und Handlungsvorbereitung dienen.

Die über die Fernsinne eingehende Information wird meist schnell in hochkomplexe Informationssysteme eingegeben. Sie kann auf dieser hochintegrierten Funktionsebene von einem schwer- und schwerstgeschädigten Patienten nicht genutzt werden, da seine hochintegrierten Netzwerkstrukturen zu einem großen Teil zerstört oder zumindest blockiert sind. Doch kann der Einsatz visueller und akustischer Reize im Elementarbereich dieser Funktionen durchaus sinnvoll sein und positive Wirkungen auslösen. Dabei sollte versucht werden, mit Hilfe der Angehörigen solche Formen elementarer visueller und akustischer Reize zu finden, die im bisherigen Leben dieser Personen eine Rolle gespielt haben. Über sie können u. U. positive emotionale oder bei funktioneller Blockierung auch kognitive Elemente gefunden werden, die neue Zugangswege zu den mentalen Repräsentationsbereichen des Geschädigten eröffnen.

7. Die mentale Repräsentation

Es sei noch einmal daran erinnert, daß die Anzahl der Nervenzellen im Gehirn des Menschen bei der Geburt etwa 100 Milliarden beträgt. Zwischen diesen Zellen beginnen sich schon während der Fetalzeit zunehmende Verschaltungen auszubilden (Abbildung 16). Die Ausbildung dieser Verschaltungen erfolgt nach einem genetisch vorgegebenen Plan.

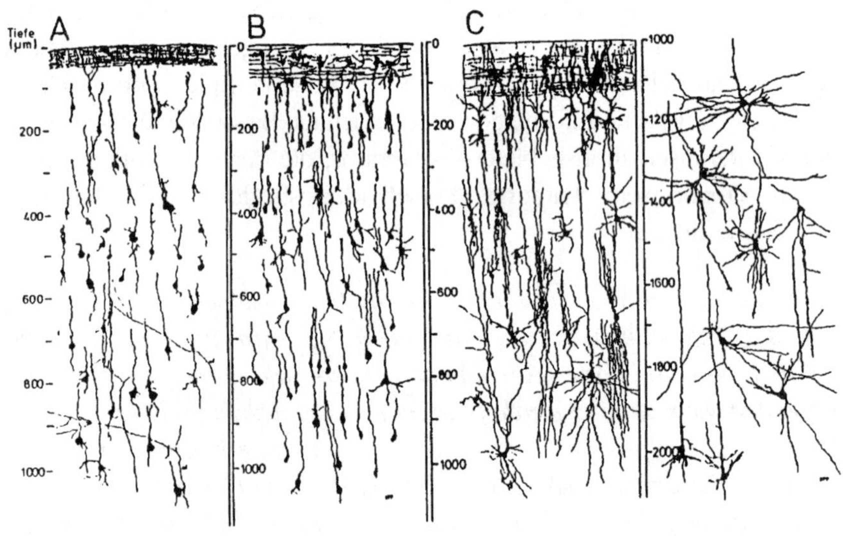

Abb. 16

Entwicklung und Differenzierung von Neuronen in der Sehrinde des Menschen während der Fetalzeit. **A** Alter 25 Wochen; man sieht bereits erste afferente Nervenfasern. **B** 27 Wochen. **C** 33 Wochen; die beiden Kolumnen in **C** gehören untereinander. Die zunehmende Differenzierung setzt sich in der postnatalen Zeit weiter fort.

Sie wird aber durch die immer wiederholte Nutzung der Verbindungen, durch die von ihnen ausgehenden efferenten Impulse und die eingehenden Afferenzen gefördert und stabilisiert. Auf diese Weise bildet sich im gesamten Gehirn ein sich ständig vervielfältigendes dreidimensionales Netzwerk neuronaler Verbindungen aus.

Dieses Netzwerk ist in funktionelle Systeme untergliedert, die sich zum großen Teil überlappen. Die funktionellen Systeme schließen sich nach dem Mechanismus der Selbstorganisation zusammen. Dies bedeutet, es bilden sich neue umfassendere neuronale Verschaltungen aus, die durch innere Rückkopplungsmechanismen stabilisiert werden. Ihre spontane Entstehung geht meist mit dem plötzlichen Auftreten neuer Verhaltensmuster einher, die unter Kontrolle des genetischen Programms durch veränderte Umweltbedingungen notwendig werden. Die Bestandteile derartiger selbstorganisierender funktioneller Systeme umfassen häufig weit auseinanderliegende Neuronengruppen in der Großhirnrinde und zusätzliche Gruppen in subkortikalen Gebieten. In ihrer Vielfalt und ihrem Zusammenwirken bilden sie die biotische Grundlage für die komplizierten Verhaltensformen des Menschen in seiner Umwelt. In ihnen entsteht gleichzeitig die subjektive Wahrnehmung des Menschen von seiner Situation und seinem Verhalten. Man bezeichnet diese funktionsgebundenen Verschaltungen im neuronalen Netzwerk des Gehirns deshalb als mentale (geistige) Repräsentation.

Wie vielfältig variabel die selbstorganisierenden neuronalen Verbindungen die Aktivität weiter Bereiche des Gehirns zusammenfassen, sei an einem Beispiel gezeigt (Abbildung 17). Durch Messung der Hirndurchblutung mit modernen Verfahren sind wir heute in der Lage, die gleichzeitige Aktivierung weit auseinander liegender Gebiete der Hirnrinde bei der Ausführung einer Funktion zu registrieren. Dargestellt ist in unserem Beispiel die neuronale Aktivität in der linken Großhirnhemisphäre, während die betreffende Person unterschiedlich mit einer Reihe von Wörtern umgeht. Der Aktivitätsgrad ist um so höher, je heller das betreffende Gebiet ist. Beim Sehen von geschriebenen Wörtern ist die Okzipitalrinde in großem Umfange aktiviert, wobei die Aktivierung auch auf Assoziationsgebiete im Temporalbereich übergreift. Gleichzeitig sind auch Teile der Präfrontalrinde aktiv, von denen aus der Lesevorgang (die

Augenbewegungen) gesteuert wird. Werden die gleichen Wörter bei geschlossenen Augen gehört, so sehen wir eine starke Aktivierung im Hörzentrum, dem oberen Bereich der Temporalrinde, in die auch angrenzende Gebiete einbezogen sind. Beim Aussprechen dieser Wörter erstreckt sich die Aktivierung auf das Hörzentrum sowie auf die Teile der motorischen und senso-motorischen Rindenregion, in denen die Aktivität der Sprechmuskeln koordiniert wird. Wird die Person aber aufgefordert, die gleichen Wörter bei geschlossenen Augen nur in Gedanken zu bilden, so erfolgt eine ausgedehnte Aktivierung der Frontalrinde, in der sich die kognitiven Prozesse abspielen. Wir sehen somit, daß an diesen Vorgängen jeweils Milliarden von Nervenzellen beteiligt sind, die sich in ganz verschiedenen Hirnregionen befinden. Zur Ausführung der genannten Funktionen werden sie in ganz unterschiedlicher Weise miteinander verschaltet.

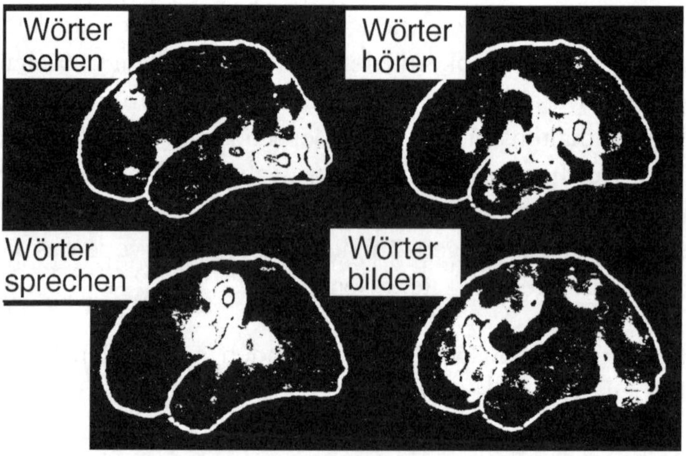

Abb.17

Darstellung der neuronalen Aktivität in der linken Großhirnhemisphäre durch Messung der Hirndurchblutung während unterschiedlichem Umgang mit einigen Wörtern. Die Helligkeit ist Ausdruck verstärkter Durchblutung der betreffenden Teile des neuronalen Netzwerkes. **Wörter sehen** – starke Aktivierung der Okzipitalrinde (Sehrinde), die auf Assoziationsgebiete im Temporalgebiet übergreift; gleichzeitig Aktivierung in der Präfrontalrinde zur Steuerung der Augenbewegungen beim Lesen. **Wörter hören** – starke Aktivierung im oberen Bereich der Temporalrinde (Hörzentrum). Die Sehrinde ist infolge Schließen der Augen inaktiv. **Wörter sprechen** – außer dem Hörzentrum sind auch Teile der motorischen und senso-motorischen Rindenregion aktiviert, von denen aus die Sprechmuskeln koordiniert werden. **Wörter bilden** – ausgedehnte Aktivierung der Frontalrinde, wenn die gleichen Wörter bei geschlossenen Augen nur in Gedanken gebildet werden.

Als mentale Repräsentation bezeichnen wir komplizierte Verschaltungen innerhalb des neuronalen Netzwerkes des Gehirns, die als selbstorganisierende Systeme die Grundlage der höchst komplexen biotischen Funktionen des Gehirns und gleichzeitig unserer subjektiven Vorstellungen von der Umweltsituation, unseren Zielstellungen und unserem Verhalten sind. In ihnen sind die gespeicherten Erinnerungen früherer Erfahrungen gegenwärtig, die aktuelle Situation wird über die eingehende aktuelle Information wirksam, und die Zielstellungen unserer Handlungen werden formuliert und schließlich in einer dem emotionalen Zustand entsprechenden Form ausgeführt.

7.1. Stabilisierung und Ausbau der mentalen Repräsentation

Die Entstehung und Entwicklung der mentalen Repräsentation ist das erstaunlichste Phänomen, das sich im menschlichen Organismus abspielt und dessen Einzelabläufe wir uns bis heute nicht genau vorstellen können. Es ist jedoch die Ebene, auf der der Mensch sich die Vorstellung von seiner Umwelt schafft. Diese Vorstellung ist notwendigerweise bei jedem Menschen unterschiedlich, abhängig von der ererbten genetischen Vorgabe und den unterschiedlichen epigenetischen Faktoren, die ihre Realisierung ermöglichen. So besitzen auch eineiige Zwillinge trotz gleichem genetischem Erbgut nicht eine identische „Innenwelt". Von ihren ersten Entwicklungsphasen in der Gebärmutter an führen die chaotischen Umweltbedingungen zu Unterschieden in der Entwicklung, und dies setzt sich in der postnatalen Entwicklung fort. So sind eineiige Zwillinge sich zwar in vielen Einzelheiten sehr ähnlich; doch sie weisen auch große Unterschiede auf. Dies trifft besonders auf die sich später entwickelnden höheren Hirnfunktionen, die Wertungen, Einschätzungen und Zielsetzungen zu.

Wir müssen somit davon ausgehen, daß bei der Ausbildung der individuellen mentalen Repräsentation zwar dem genetischen Potential große Bedeutung zukommt, doch die tatsächliche Gestaltung und Weiterentwicklung der mentalen Repräsentation erst im Rahmen der aktiven Auseinandersetzung des Organismus mit seiner Umwelt erfolgt. Die Ausführung von Handlungen führt zur Aktivierung komplexer multimodaler Verschaltungen im neuronalen Netzwerk. Diese spontanen Handlungen sind im Anfangsstadium der Entwicklung zufällig (redundant) und werden weitgehend von der in der Evolution entstandenen genetischen Vorgabe gesteuert. Doch durch ständige variable Wiederholungen und die rückgekoppelte Meldung über die Ausführung der Handlung festigen sich die kombinierten neuronalen Verknüpfungen und durch multimodale (visuelle, taktile u. a.) Erfahrungen entsteht das neuronale Korrelat von Kategorien, d. h. Abstraktionen. An den Synapsen der wiederholt gleichzeitig aktivierten neuronalen Systeme kommt es zu dauerhaften biochemischen Veränderungen, die eine lebenslange Stabilisierung zur Folge haben. Einzelheiten darüber, wie diese ruhenden Verbindungen funktionsbereit bleiben und von wo aus sie bei Bedarf erneut aktiviert werden, wissen wir nicht. Doch sie sind die Grundlage dafür, daß wir uns noch nach Jahren an Ereignisse der Vergangenheit erinnern können. Die große Variationsbreite dieser Verbindungen schafft zugleich die Voraussetzungen dafür, daß wir auf der mentalen Repräsentationsebene, d. h. in Gedanken, unterschiedliche Verhaltens- und Handlungsvarianten durchspielen können, bis wir aus konkretem Anlaß eine bestimmte Entscheidung treffen. Dabei spielt die Beteiligung emotionaler Komponenten meist eine wichtige Rolle.

Eine Funktion der Großhirnrinde besteht darin, auf eingehende Signale möglichst schnell zu reagieren. Dabei versucht sie, unter Verwendung bereits gelernter Kategorien diejenige Kombination von Neuronenverbindungen zu aktivieren, die am ehesten das soeben Gesehene oder Gehörte repräsentieren. Diese Bildung von Koalitionen aktiver Neurone unterliegt Einwirkungen aus anderen Teilen des Gehirns, die z. B. ankündigen, welcher Reiz als nächstes zu erwarten ist oder worauf es im Augenblick besonders ankommt. Die Entscheidung, welche Neuronenkombination letztlich aktiviert und welche Handlung ausgeführt wird oder ob der ganze Vorgang ohne äußere Auswirkungen abläuft, kann nicht vorhergesagt werden. Trotzdem trägt jeder derartiger Vorgang zur Stabilisierung des betreffenden Systems und zur Vergrößerung seiner Variabilität bei. Die Repräsentation im neuronalen Netzwerk des Gehirns beginnt sich schon in der embryonalen Entwicklungsphase auszubilden. Wir können sie als beginnende mentale Repräsentation bezeichnen, denn sie ist genetisch von vornherein nicht nur auf die Herstellung biotischer zellulärer Verbindungen, sondern auch auf die Entstehung mentaler (geistiger) und kognitiver Prozesse angelegt. Nur wenn sich das Repräsentationssystem in dieser ganz speziellen Form entwickelt, kann dieses Lebewesen ein Mensch werden. Dieses System enthält von Anfang an auch emotionale Elemente, die vom limbischen System aus in diese mentale Repräsentation einfließen und eine wichtige selektive Rolle spielen. Die Frage, von welchem Zeitpunkt an mentale Repräsentationen vom Kind bewußt wahrgenommen werden, also ein subjektiver Eindruck der gespeicherten Information entsteht und bei erneuter Aktivierung wieder bewußt wird, ist sehr schwer zu beantworten. Mit Sicherheit können wir jedoch sagen, daß die ontogenetische Entstehung dieser Fähigkeit nicht von der beim älteren Kind und beim Erwachsenen nachzuweisenden voll entwickelten Fähigkeit aus verstanden und in seinen Mechanismen erklärt werden kann. Vielmehr handelt es sich um einen Reifungsprozeß, der eigengesetzlichen Mechanismen unterliegt, die zwar im Endergebnis zum vollen Bewußtseinsprozeß des Erwachsenen führen, aber nicht mit den schließlich ausgereiften Mechanismen identisch sind. Hier stoßen wir auf die Eigengesetzlichkeiten der Entwicklung des Kindes, auf die schon MARIA MONTESSORI (1991) so großen Wert gelegt hat. Interessant ist in diesem Zusammenhang eine Arbeit von RÖNNQVIST und VON HOFSTEN (1994), die bei Neugeborenen (2. – 6. Tag) die Finger- und Armbewegungen unter sozial- und objektbezogenen Bedingungen untersuchten. Im ersten Falle befand sich die Mutter mit ihrem Gesicht dem Gesicht des Kindes gegenüber; im zweiten Falle hing vor dem Kind in unregelmäßigen Intervallen ein sich langsam bewegender Ball. Es waren relativ unabhängige Fingerbewegungen zu beobachten, die offenbar im Rückenmark durch wechselndes funktionelles Zusammenspiel zahlreicher Handmuskeln organisiert wurden. Prinzipiell hat die Hand zwei Funktionen zu erfüllen: eine Such- und Greiffunktion (Manipulation) und eine soziale Kommunikationsfunktion. Schon in diesem frühen Alter zeigten sich in der Objektsituation mehr Daumen-Zeigefinger-Bewegungen und häufigeres Ausstrecken der Hand und des Armes, in der sozialen Situation aber eine größere Anzahl von Fingerbewegungen und häufigeres vorübergehendes Öffnen und Schließen der Hand. Somit beeinflußte schon in diesem Alter supraspinale Information Einsatz und Üben auf der spinalen Programmebene.

Stabilisierung und Ausbau der neuronalen Netzwerkverbindungen, die der mentalen Repräsentation zugrunde liegen, beginnen somit schon im Stadium der pränatalen Entwicklung durch ständiges variables Wiederholen genetisch vorgegebener Programme. Dabei zeigt sich schon beim Neugeborenen entsprechend der genetischen Vorgabe das Auftreten von Unterschieden in der Entwicklung objektbezogener und sozialbezogener Programme, die gleichermaßen durch Üben trainiert und entwickelt werden.

7.2. Schlaf und Traum

Die ständig wiederholte Aktivierung der sich zunehmend ausbildenden Verschaltungen in dem neuronalen Netzwerk des Gehirns ist die entscheidende Voraussetzung für die Entstehung und Stabilisierung variabler funktioneller Systeme. Als Erwachsene kennen wir diesen Mechanismus. Ereignisse, die uns wichtig erscheinen, lassen wir immer wieder vor unserem „inneren Auge“ vorbeilaufen, bis wir sicher sind, daß wir sie uns fest eingeprägt haben. Dies ist ein bewußt ablaufender Vorgang.

Es existiert jedoch ein wichtiger spontan ablaufender, interner Stabilisierungsmechanismus, dessen wir uns gar nicht bewußt sind. Wir wissen alle, daß der Schlaf keinen einheitlichen Zustand darstellt, sondern daß er aus mehreren Stadien besteht (Abbildung 18). Die Schlaftiefe läßt sich durch das EEG objektivieren. Wie wir aus der Abbildung ersehen, treten während der Nacht fünf tiefe Schlafstadien auf, die etwa 1 1/2 Stunde dauern und von oberflächlichen Schlafstadien mit einer Dauer von 10 bis 40 Minuten unterbrochen werden. Diese oberflächlichen Schlafstadien werden als REM-Schlaf bezeichnet (REM = rapid eye movement = rasche Augenbewegungen). Während des REM-Schlafs befindet sich das EEG in einem aktivierten Zustand, und es treten sekundenlange Gruppen schneller Augenbewegungen auf. Die gesamte Muskulatur ist erschlafft, und es zeigen sich nur vereinzelt Muskelzuckungen. Man bezeichnet den REM-Schlaf auch als paradoxen Schlaf. Die Mehrzahl der Träume findet im REM-Schlaf statt. Es kommt aber nicht zum Erwachen.

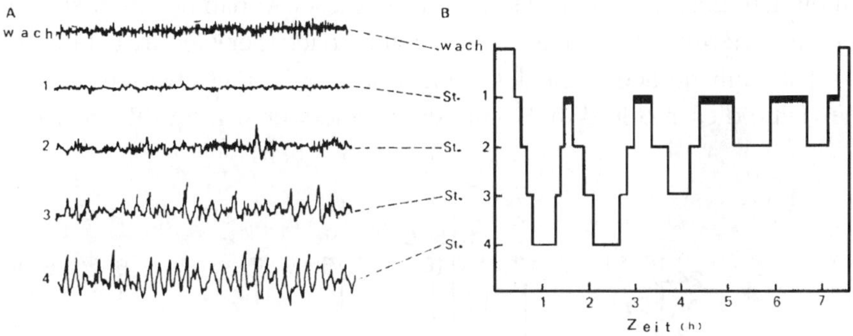

Abb. 18
Schematische Darstellung der während einer Nacht auftretenden Schlafphasen. **A** EEG-Ableitungen im ruhigen Wachzustand (wach) und in den Schlafstadien **1** bis **4**. Im Schlafstadium **1** tritt ein stark aktiviertes EEG auf. **B** Auftreten der Schlafstadien **1** bis **4** während eines Nachtschlafs. Die schwarzen Markierungen im Schlafstadium **1** geben die Zeitdauer des REM-Schlafs an.

KAVANAU (1994) hat das Phänomen des REM-Schlafs eingehend untersucht. Er kommt zu dem Schluß, daß diese Schlafform in der Evolution erst bei den höheren Säugetieren entstanden ist und eine spezielle Aufgabe zu erfüllen hat: die Stabilisierung hochkomplexer Neuronenverbindungen im Gehirn. Besonders groß ist seine Bedeutung beim Menschen. Offensichtlich handelt es sich dabei um einen autonomen Stabilisierungsmechanismus, der die Koppelung der zuvor entstandenen Funktionssysteme im neuronalen Netzwerk des Gehirns festigt. Das Gehirn verfügt somit über einen eigengesetzlichen Synchronisierungsmechanismus, der unabhängig von äußeren Einwirkungen die zunehmenden, immer komplizierter werdenden funktionellen Verbindungen innerhalb des neuronalen Netzwerkes stabilisiert. Es ist anzunehmen, daß dieser Synchronisierungsmechanismus schon beim Embryo und Fetus eine wichtige Rolle bei der Stabilisierung der sich nach genetischer Vorgabe entwickelnden neuronalen Verschaltungen spielt. Doch verfügen wir darüber noch nicht über nähere Kenntnisse.

Ein eindeutiger Beweis für die Richtigkeit dieser Annahme ergibt sich aus der Registrierung des Schlafes unmittelbar nach der Geburt (Abbildung 19). Die tägliche Schlafzeit des Neugeborenen beträgt etwa 16 Stunden. Die Hälfte dieser Zeit, d. h. 8 Stunden, befindet er sich im REM-Schlaf. In

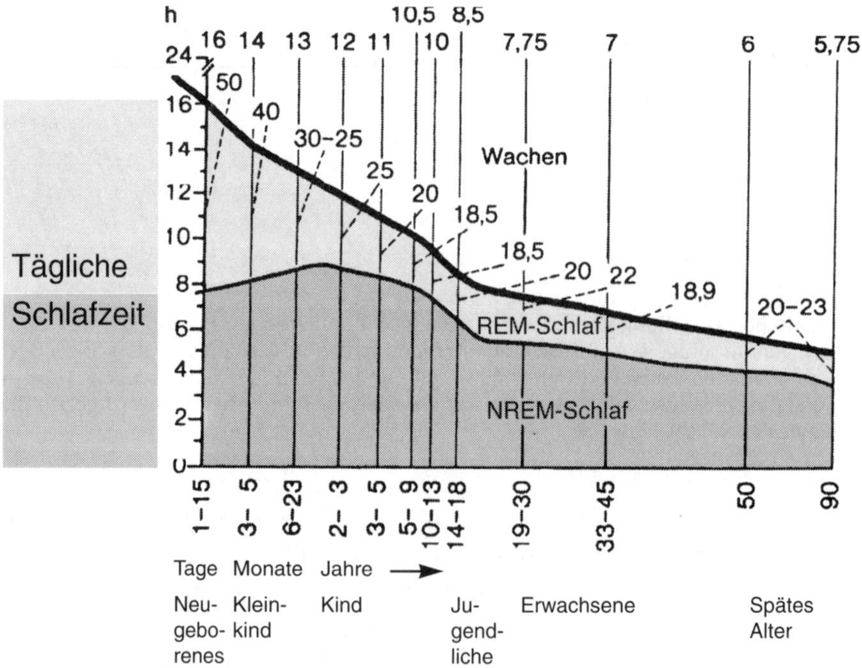

Abb. 19

Anteil des REM- und des NREM-Schlafs an der täglichen Schlafzeit von der Geburt bis ins hohe Alter. Die an den Kurven stehenden Ziffern geben den prozentualen Anteil des REM-Schlafs an der Gesamtschlafdauer an. NREM - Nicht-REM-Schlaf.

dieser Zeit sind die Verbindungen zur Umwelt abgeschaltet, aber die autonomen Mechanismen zur Stabilisierung der infolge der raschen ontogenetischen Entwicklung lawinenartig zunehmenden neuronalen Verbindungen arbeiten mit hoher Intensität. Die in Funktion getretenen Nervenzellen im Gehirn senden immer neue Dendriten aus, die sich zunehmend verzweigen und mit immer ferner liegenden Neuronen synaptische Verbindungen aufnehmen. Zu diesem Zeitpunkt werden nach dem genetischen Programm unter ständig wechselnden epigenetischen Bedingungen immer mehr neue und immer kompliziertere funktionelle Verschaltungen vorgenommen.

Wie aus der Abbildung 19 ersichtlich ist, nimmt die Dauer des REM-Schlafs in der Vorschulzeit nur allmählich ab. Der Ausbau der grundlegenden neuen Festverschaltungen im neuronalen Netzwerk des Gehirns ist auch in diesem frühkindlichen Alter noch immens groß und erfordert immer neue Bekräftigungen. Erst zu Beginn der Schulzeit geht der REM-Schlaf auf einen Anteil von etwa 20 % zurück, der während des gesamten Lebens erhalten bleibt. Wir wissen nicht, ob und in welchem Umfang auch beim Tiefschlaf neuronale Stabilisierungsmechanismen stattfinden. Ihr Anteil kann jedoch, nach dem EEG und der Hirndurchblutung zu urteilen, nur gering sein. In welcher Komplexität und mit welcher Intensität die im neuronalen Netzwerk gespeicherte Information während des REM-Schlafs aktiviert, umgeordnet und bearbeitet wird, wird deutlich, wenn wir uns an die Träume erinnern, die während des REM-Schlafs stattgefunden haben. Da die Aktivierung zu diesem Zeitpunkt infolge der völligen Abschottung von der Wirklichkeit keinerlei Konsequenzen für unser Verhalten besitzt, erscheinen die aktivierten Trauminhalte chaotisch, bruchstückhaft und ziellos. Sie enthalten jedoch nicht nur losgelöste Erinnerungsbruchstücke, sondern auch emotionale und kognitive Komponenten. Im neuronalen Netzwerk findet eine zunehmende Synchronisierung weit auseinander liegender Rindengebiete statt (AMZICA u. STERIADE 1996). Dabei können neue schöpferische Verknüpfungen in Fragen auftreten, mit denen sich der Betreffende im Wachzustand intensiv beschäftigt hat. So berichtet der Chemiker KEKULÉ, daß er die Ringformel des Benzols im Traum entdeckt hat. Er träumte, daß sechs Männlein (die C-Atome) sich bei den Händen faßten und im Kreise tanzten.

Welche lebenswichtige Bedeutung diesen automatischen Verschaltungsbestätigungen im neuronalen Netzwerk des Gehirns zukommt, ist daraus zu ersehen, daß ein längerer Entzug des REM-Schlafs, d. h. das Wecken, sobald die EEG-Aktivierung den Beginn des REM-Schlafs anzeigt, zu schweren gesundheitlichen Schädigungen führt. Gerade bei einem schwerstgeschädigten Kind müssen wir bedenken, daß die Ausbildung und Stabilisierung der sich in seinem Gehirn langsamer entwickelnden neuronalen Verschaltungen längere Zeit in Anspruch nimmt als beim gesunden Kind. Infolge häufig stark gestörter Umweltbeziehungen sind gerade die inneren Bekräftigungen von großer Bedeutung. Vorsicht also vor zu großer Belastung! Dem im Koma liegenden Erwachsenen müssen wir Ruhe verschaffen, vor allem vor individualitätsfremden technischen Geräuschen, die über die Informationskanäle dem Zentralnervensystem zugeführt werden und seine autonomen Stabilisierungsmechanismen nicht zur Wirkung kommen lassen.

Eine sehr wichtige Rolle für die Stabilisierung und Entwicklung der selbstorganisierenden funktionellen Systeme im neuronalen Netzwerk des Gehirns spielt der REM-Schlaf. In ihm vollziehen sich autonome Wiederholungen der gleichzeitigen Aktivierung weit verstreuter neuronaler Verbindungen. Dabei handelt es sich um den Ablauf von Ordnungsvorgängen im Gehirn, die wir nicht bewußt beeinflussen können. Sie besitzen fundamentale Bedeutung für die fetale und frühkindliche Entwicklung, sind aber auch für den Erwachsenen lebenswichtig. Bruchstücke dieses Geschehens können uns nachträglich als Traum zum Bewußtsein kommen.

7.3. Die mentale Repräsentation des Körper-Ich

Die zunehmende Ausbildung selbstorganisierender funktioneller Systeme im Umgang mit dem eigenen Körper und in der Auseinandersetzung mit der Umwelt erfolgt sehr allmählich und schrittweise. Die mentale Repräsentation, in der sich die biotischen Grundlagen wie auch die subjektiven Vorstellungen zunehmend realisieren, ist für jeden Menschen ein einmaliges Phänomen, das sich in keinem anderen Menschen in gleicher Weise wiederholt. Der Unterschied ergibt sich aus dem ererbten genetischen Programm (bei eineiigen Zwillingen ist dies identisch) und aus den zufälligen epigenetischen Faktoren, mit denen sich der in Entwicklung befindliche Organismus auseinandersetzen muß. Aus diesem Grunde gewinnt die sich entwickelnde mentale Repräsentation jedes Menschen eine gewisse Eigen-Identität.

Ausgangspunkt für die Entwicklung dieser Eigen-Identität ist die Abgrenzung der Körperoberfläche gegenüber der Umwelt. Sie ist ein absolut gesichertes Phänomen, das in der mentalen Repräsentation ständiger Bestätigung unterliegt. Diese Körperidentität wird in der Anfangsphase der Entwicklung des Kleinkindes als ein selbstverständliches Phänomen hingenommen, das in der mentalen Repräsentation keine subjektiv wahrgenommene selbständige Bedeutung besitzt. Trotzdem können wir davon ausgehen, daß sich schon bald nach der Geburt das zuerst sehr diffuse Bewußtsein eines Eigen-Ich in Abgrenzung gegenüber der Umwelt und anderen Personen ausbildet.

Diese zuerst noch sehr elementare Vorstellung nimmt im zweiten bis dritten Lebensjahr immer konkretere Formen an. Dies betrifft z. B. die allmähliche bewußte Wahrnehmung des vollständigen, in sich geschlossenen Körperschemas. Die ersten vom Kind ausgeführten Zeichnungen eines menschlichen Körpers enthalten noch viele Weglassungen oder falsche Verknüpfungen von Körperteilen, die nicht auf eine mangelhafte Koordinationsfähigkeit der zeichnenden Hand- und Armmuskulatur zurückzuführen sind, sondern auf eine noch unvollständige mentale Repräsentation des eigenen Körper-Ich.

LURIJA (1973) konnte nachweisen, daß sich etwa im gleichen Zeitraum der allmähliche Übergang von der von außen gesteuerten Handlungsausführung zur willkürlichen Eigenhandlung vollzieht. Er zeigte dies am Beispiel der Sprachaneignung. Zuerst wendet die Mutter die Aufmerksamkeit des Kindes in eine bestimmte Richtung - „Nimm den Ball!", „Hebe die Hand!" -, und das Kind führt diese Anweisungen aus. Auf diese Weise organisiert die Mutter mit Hilfe der Sprache die Bewegungsakte des Kindes. Dies führt bei häufiger Wiederholung zur Stabilisierung der zugrundeliegenden neuronalen Verschaltungen. Erst nach mehreren Wochen beginnt das Kind bei der Ausführung der Handlung die Benennung des Gegenstandes bzw. der Handlung nachzusprechen. Im Bereich der mentalen Repräsentation vollziehen sich weitere genetisch vorgegebene neuronale Vernetzungen. Die Handlung des Kindes ist aber noch der verbalen Anweisung des Erwachsenen untergeordnet. Durch eigenes Nachsprechen, das zuerst sehr unexakt und variabel erfolgt, aber infolge des Übens immer differenzierter wird, werden die kinästhetischen Signale aus den Muskeln der Artikulationsorgane sowie der Augenmotorik in die mentale Repräsentation des sensomotorischen Handlungsvollzugs als Elemente eines funktionellen Systems einbezogen. Dies hat schließlich zur Folge, daß sich im neuronalen Netzwerk ein selbstorganisierendes System ausbildet, bei dem der Impuls zur Handlung des Kindes vom selbst gesprochenen Wort ausgeht. Das Kind spricht das mit dem sensomotorischen System verbundene Wort aus und vollzieht ohne äußere Anweisung die damit verbundene Handlung. Die interpersonelle psychische Tätigkeit geht damit in einen intrapsychischen Prozeß des Kindes über. Er realisiert die Ich-Identität mit einer eigenen willkürlichen Handlung. Dieser Vorgang dauert Monate und stellt nur eine Phase in der immer differenzierteren neuronalen Vernetzung dar, die zur allmählichen Entstehung der ausgeprägten Wahrnehmung des Ich-Bewußtseins führt (PICKENHAIN 1994).

Die im Laufe des Lebens entstehende mentale Repräsentation ist die Steuerungsebene unseres gesamten unbewußten und bewußten Verhaltens. Sie bestimmt die Körperselbstwahrnehmung, das Kommunikationserlebnis, das Ich-Bewußtsein und das Selbstwertempfinden des Menschen. Es handelt sich um ein dynamisches Geschehen, das in aktiver Auseinandersetzung mit der Umwelt ständiger Bewährung bedarf.

7.4. Das Körperschema

Von grundlegender Bedeutung für die Entwicklung der mentalen Repräsentation sind die Erfahrungen mit dem eigenen Körper. Sie beginnen bereits beim Heranreifen des Feten in der Gebärmutter. Zu dieser Zeit handelt es sich aber noch um weitgehend isolierte Erfahrungen mit einzelnen Körperteilen und Gliedmaßen. Mit ihrer zunehmenden Betätigung bilden sich anfangs getrennte mentale Repräsentationen, die sich erst allmählich zu einem einheitlichen selbstorganisierenden System zusammenschließen. Durch die aktiven Betätigungen in der Umwelt gehen laufend unbewußte multisensorische Informationen über die Wahrnehmung der Körperbewegungen ein, an denen außer den Muskel- und Gelenkempfindungen sowie den Sinnesempfindungen an der Haut vor allem auch die Schwerkraftempfindung und Information aus dem Körperinnern teilnehmen. Die große Bedeutung der Entwicklung des selbstorganisierenden Systems „Körperschema“ ergibt sich daraus, daß bei allen Auseinandersetzungen mit der Umwelt dieses das „Ich“ repräsentierende Körperschema die ausschlaggebende Bezugsgröße ist. Es geht deshalb auf den verschiedensten Integrationsebenen der mentalen Repräsentation als integrierender Bestandteil in die Vorstellungen, Handlungen und kognitiven Prozesse ein.

In der aktiven Auseinandersetzung mit der Umwelt wird die Information über die Begrenzung der Körperoberfläche und über die Formen der sich aktiv betätigenden Gliedmaßen, des Kopfes und des Körpers in immer erneuten Kombinationen auf den verschiedenen mentalen Repräsentationsebenen gespeichert. Die unmittelbaren Berührungen der Haut, die ständig in vielfältigen Formen ausgeführten Bewegungen der Extremitäten, des Kopfes und des Rumpfes bilden den konstantesten Informationszufluß zu der mentalen Repräsentation. In ihrer stochastischen (zufälligen) Vielfalt sind sie repräsentativ für die Gesamtbeziehungen des Körpers zur Umwelt.

Dieser Vorgang vollzieht sich stufenweise, und wir können nicht sagen, wann er beginnt. Sicher ist, daß er sich auch bei schwer- und schwerstgeschädigten Menschen, wenn z. T. auch nur in Ansätzen, entwickeln kann und daß die, wenn auch diffusen, Vorstellungen von einem Körperschema nach schweren Hirntraumen solange bestehen bleiben, wie im neuronalen Netzwerk noch Aktivierungs- und Kopplungsmechanismen bestehen. Dabei genügen schon elementare, relativ undifferenzierte Informationsnetze, um die Abgrenzung des Körpers von seiner Umwelt gewahr werden zu lassen. Störungen und Verzerrungen des Körperschemas können bei den verschiedensten Schädigungen auftreten. Die möglichst weitgehende Wiederherstellung der Wahrnehmung des Körperschemas auf der mentalen Repräsentationsebene des Gehirns ist bei peripheren wie bei zentralen Schädigungen eine grundlegend wichtige Aufgabe.

Wir können es heute als gesichert ansehen, daß die Ausbildung des Körperschemas auf der mentalen Repräsentationsebene einer genetischen Vorgabe folgt. Zur Entwicklung des Lebewesens Mensch gehört als eine Grundvoraussetzung die Ausbildung seiner Körperformen. Diese Vorgabe bezieht sich wiederum nicht auf feine Details, sondern auf die Grundzüge der Entwicklung. Immerhin erlaubt sie dem erfahrenen Spezialisten schon zu einem frühen Zeitpunkt die Vorhersage der weiteren Entwicklung bestimmter Körpermerkmale, z. B. der Körpergröße. Diese ererbte Vorgabe des Körperschemas ist nicht die „innere" Vorstellung eines starren Modells, sondern eines bestimmten dynamischen selbstorganisierenden Systems, das nur bestimmte Stellungen im Raum und im Schwerefeld der Erde einnehmen und auch nur den realen Bedingungen entsprechende Bewegungen ausführen kann. Dieses in der mentalen Repräsentation multimodal wahrnehmbare Bild erfährt durch die multimodalen Signale über die Bewegungen und Handlungen des tatsächlichen Körpers ständig neue Bekräftigung.

Die Wahrnehmung des Körperschemas bildet sich auf der Grundlage einer genetisch programmierten „Neuromatrix" aus. Ihr liegt ein adaptives dynamisches neuronales Netzwerk zugrunde, das Neuronengruppen im somatosensorischen Thalamus und Kortex, im limbischen System und in der Assoziationsrinde miteinander verbindet (Saadah u. Melzack 1994). Diese genetisch programmierten Neuronenverbindungen werden unter normalen Bedingungen für die Ausbildung der tatsächlichen Umwelterfahrungen genutzt.

7.5. Das Phantomglied – ein Teil des Körperschemas

Das durch ständig wiederholte Erfahrungen auf der mentalen Repräsentationsebene stabilisierte Körperschema bleibt auch dann noch erhalten, wenn die Bestätigung durch körpereigene Afferenzen ausbleibt. Dies ist zum Beispiel beim Phänomen des Phantomgliedes der Fall. Es tritt bei einem hohen Prozentsatz der Arm- und Beinamputierten auf, vor allem dann, wenn nicht schon bald nach der Amputation eine Prothese angepaßt und genutzt wird (MELZACK 1990, SAADAH u. MELZACK 1994). Das nach der Amputation nur noch in der Vorstellung, d. h. in der mentalen Repräsentation, existierende Phantomglied wird von der betreffenden Person, wenn sie nicht bewußt in Richtung des amputierten Gliedes sieht, als normaler Bestandteil ihres Körpers wahrgenommen. Beim Gehen, Setzen und Hinlegen wird es in der gleichen Weise „mitbewegt", wie sich das gesunde Glied früher bewegt hätte. In dem nur in der Vorstellung existierenden Phantomglied, d. h. in seiner mentalen Repräsentation, können Empfindungen verschiedenster Art wahrgenommen werden, obwohl es in Wirklichkeit gar nicht vorhanden ist. Auslösende Reize gehen dabei häufig vom Stumpfbereich aus. Doch sie werden in der mentalen Repräsentation im Bereich des Phantomgliedes lokalisiert. Es stellt damit nach wie vor einen integrierten Bestandteil des Körperschemas dar. Das Beispiel des Phantomgliedes bestätigt die Feststellung, daß wir nicht in der Lage sind, die objektiven Vorgänge der Umwelt und unseres Körpers unmittelbar wahrzunehmen. Unsere subjektive Vorstellung enthält lediglich die im neuronalen Netzwerk als mentale Repräsentation gespeicherten Erfahrungen. Diese im Laufe des Lebens erworbene subjektive Vorstellung und Erfahrung erscheint nur dadurch als objektiv existent, weil sie mit den subjektiven Erfahrungen anderer Menschen weitgehend übereinstimmt.

Das Beispiel des Phantomgliedes zeigt, daß dies keineswegs immer der Fall ist. In der mentalen Repräsentation des amputierten Patienten kann die Vorstellung von der amputierten Extremität weiterhin existieren, obwohl sie gar nicht mehr vorhanden ist. Zwar können wir diese Vorstellung dadurch als falsch korrigieren, daß wir den Amputationsstumpf ansehen, betasten, d. h. uns multimodal von der Nicht-Existenz des amputierten Gliedes überzeugen. Doch im Bereich der mentalen Repräsentation ist seine Existenz durch die lebenslangen Erfahrungen so gefestigt, daß wir es wieder wahrnehmen, wenn wir seine tatsächliche Existenz nicht bewußt kontrollieren. Wahrscheinlich spielt dabei die genetische Vorgabe des Körperschemas eine Rolle, die durch die eigenen Erfahrungen lebenslang bestätigt und gefestigt worden ist.

Das Phänomen des Phantomgliedes erschließt uns einen zusätzlichen Erfahrungsbereich hinsichtlich einiger Eigenschaften der mentalen Repräsentation. Da das Phantomglied real nicht existiert und die in dem neuronalen Netzwerk vorhandene mentale Repräsentation der „Bewegungen" und „Wahrnehmungen" des Phantomglieds keine Bestätigung durch afferente Impulse über seine tatsächliche Stellung, sein Aussehen und seine Bewegung erhält, können sich die Verschaltungen der im dem neuronalen Netzwerk gespeicherten Information mehr und mehr verändern. Dies geschieht bei den verschiedenen Personen in unterschiedlicher Form und mit unterschiedlicher Geschwindigkeit; denn die Vorstellung vom Phantomglied ist ja ein rein subjektiver Vorgang ohne die Möglichkeit einer unmitelbaren reafferenten Kontrolle. Das Phantomglied verschwimmt allmählich, hängt frei in der Luft oder wird in den Amputationsstumpf hineinprojiziert (Abbildung 20).

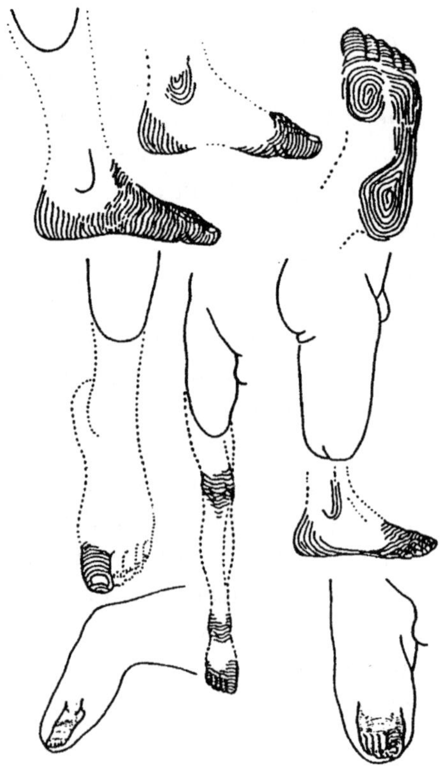

Abb. 20
Phantomglieder der linken bzw. rechten Unterextremität nach den Angaben verschiedener Patienten. Die lebhaft empfundenen amputierten Teile sind durch Schraffierung markiert, die „Phantom-Verbindung" zum Stumpf durch punktierte Linien. Einige Phantomglieder werden in den Stumpf projiziert (MELZACK 1990).

Doch auch wenn es frei in der Luft zu schweben scheint, bewegt es sich in Übereinstimmung mit den Gesamtbewegungen des Körpers entsprechend dem zentral vorgegebenen Bewegungsmuster und wird von der betreffenden Person unverwechselbar als Teil des eigenen Körpers wahrgenommen. Die verschiedenartigsten Wahrnehmungsqualitäten wie „Berührung“, Art der „getasteten“ Oberflächenstruktur, „Druck“, „Schmerz“, „Temperaturempfindung“, „Jucken“ u.a. können in dem verlagerten Phantomglied auftreten. Die vor der Amputation als Bestandteile komplexer Programme in der mentalen Repräsentation gespeicherten Innervations- und Wahrnehmungsmuster des amputierten Gliedes (mit ihren emotionalen Komponenten) lösen sich immer mehr aus den selbstorganisierenden Gesamtsystemen geordneter Handlungsvollzüge und werden in der mentalen Repräsentation zu selbstorganisierenden Teilsystemen, die rein zufälligen Veränderungen unterliegen.

GURFINKEL und Mitarbeiter (1986) konnten das Phänomen des Phantomgliedes auch an nicht amputierten Personen hervorrufen. Durch eine Kompresse am Oberarm schalteten sie für 30 bis 40 min die von der Unterarmmuskulatur kommenden afferenten Impulse aus. Bei geschlossenen Augen nahmen die Probanden unter diesen Bedingungen scheinbare Verlagerungen wie Beuge- und Streckbewegungen des betreffenden Unterarms wahr. GURFINKEL spricht von einem „künstlichen Phantomglied“. Wurden die Probanden aufgefordert, mit der anderen Extremität eine Bewegung in Richtung auf das Phantomglied auszuführen, so zeigten sie nicht auf die tatsächliche, sondern auf die in ihrer Vorstellung im Raum bewegte Extremität. Daraus ergibt sich, daß die mentale Repräsentation die entscheidende Bedeutung für unsere Handlungen besitzt. Sobald der Proband die Augen öffnet, erfolgt durch die visuelle Information eine Korrektur der mentalen Repräsentation, und die verlangte Bewegung wird jetzt in Richtung auf den im Raum gesehenen, realen Arm ausgeführt.

In den letzten Jahren wurde immer häufiger über das Auftreten von Phantomgliedern bei Kindern berichtet, die ohne die betreffenden Extremitäten geboren wurden (z. B. bei thalidomidgeschädigten Kindern). In diesen Fällen kann es sich nicht um die Speicherung tatsächlich gewonnener Erfahrungen in der mentalen Repräsentation handeln. Die Kinder schilderten an ihren Phantomgliedern ähnliche Wahrnehmungen wie Personen, bei denen die betreffende Extremität amputiert war: Sie konnten das Phantomglied bewegen, es befand sich am Rumpf, war einige Zentimeter von ihm entfernt oder in den angeborenen Stumpf versenkt. Ein Kind gab an, daß es in der Lage war, mit seinen Phantomfingern Rechenaufgaben zu lösen. Bei diesen Kindern hat sich die Phantomgliedvorstellung offenbar auf der Grundlage der genetischen Vorgabe des Körperschemas in der mentalen Repräsentation ausgebildet, ohne daß sie durch kinästhetische Rückmeldungen bestätigt worden wäre. Welche zusätzliche Rolle die visuelle Information über das Vorhandensein und die Nutzung von Extremitäten bei anderen Kindern spielt, wissen wir nicht. Allerdings tritt das Phantomgliedphänomen nicht bei allen diesen geschädigten Kindern auf, und es kann auch nach längerer Zeit wieder verschwinden.

Das Auftreten der Phantomgliedvorstellung bestätigt den primär subjektiven Charakter all unserer Vorstellungen von unserem Körper und von der Welt. Es zeigt zugleich die große Bedeutung der in der mentalen Repräsentation gespeicherten Information für die Realität des Ich und seine Handlungsbereitschaft in „seiner Welt“. Diese „innere Welt“ – und sei es nur in Ansätzen – zu entwickeln oder, wenn sie bereits vorhanden war, wieder aufzubauen, ist eines der Hauptanliegen der Basalen Stimulation. Dieser Aufbau ist langwierig und sein Gelingen schwer zu kontrollieren, am ehesten anhand von emotional ausgelösten vegetativen Reaktionen.

7.6. Das Umweltschema

Wir können davon ausgehen, daß im genetischen Programm des Menschen auch ein allgemeines Umweltschema, häufig Raumschema genannt, vorgegeben ist. Es enthält wie das Körperschema einige allgemeine Ordnungsprinzipien für die Entwicklung der mentalen Repräsentation der umgebenden Umwelt und der Einordnung des Körpers in diese Umwelt. Diese Vorgaben werden jedoch erst später wirksam als die Vorgaben des Körperschemas, und ihre Realisierung nimmt einen längeren Zeitraum in Anspruch. Infolgedessen sind die Vorgaben weniger präzis, und die epigenetischen Faktoren haben einen größeren Einfluß. Bei der aktiven Realisierung der genetischen Vorgabe werden alle Sinnesmodalitäten multimodal eingesetzt, die Einwirkungen aus der Umwelt aufzunehmen vermögen. Dies sind insbesondere alle Sinne, die die Orientierung im Raum signalisieren, sowie das Sehen und Hören.

Die Besonderheit des Umweltschemas besteht beim Menschen darin, daß in ihm soziale Elemente und Eigenschaften eine entscheidende Rolle spielen. Die mentale Repräsentation des Menschen ist auf soziale Kommunikation und sozial geprägte Umweltbedingungen orientiert. Diese Tatsache muß bei Schwerstbehinderten von vornherein berücksichtigt werden. Da der Mensch für das Leben in einer sozialen Gemeinschaft vorprogrammiert ist, muß das Umweltschema vor allem seinem sozialen Bedürfnis entsprechen. Dieses Bedürfnis weist bei jedem Individuum Unterschiede auf, und wir müssen oft große Mühe aufwenden, den für den Betreffenden günstigsten Zugang zu finden. Mit Sicherheit können wir aber davon ausgehen, daß persönlichkeitsfremde technische Mittel, wie apparative Geräusche, keinen Zugang schaffen, sondern störend wirken.

Die Ordnungsprinzipien des im genetischen Programm des Menschen vorgegebenen Umweltschemas (Raumschemas) sind die Grundlage für seine Orientierung und Einordnung in der Umwelt. Sie werden später wirksam als die Ordnungsprinzipien des Körperschemas und sind deshalb stärker variabel. Auf jeden Fall sind sie aber auf soziale Komponenten ausgerichtet, deren Realisierung für die Entwicklung der Persönlichkeit von größter Bedeutung ist.

8. Grundelemente der sozialen Kommunikation

Die elementaren Grundprozesse der sozialen Kommunikation des Menschen (elementare kommunikative Systeme) haben sich im Laufe der Phylogenese in vielfältigen Formen ausgebildet und gestaltet. Marksteine der Entwicklung waren:

- die Entstehung des aufrechten Gangs und der aufrechten Körperhaltung, wodurch die oberen Extremitäten für vielfältige Manipulationen freigegeben und die Umwelt im Blickfeld frontal gegenübergestellt wurde;
- der Werkzeuggebrauch, der die Umwelterfahrungen wesentlich erweiterte und die Möglichkeit aktiver Umgestaltungen in der Umwelt erschloß;
- die Entwicklung der Fähigkeit, in der Umwelt Symbole und Zeichen zu setzen, die als externe Bestandteile des mentalen Repräsentationssystems genutzt und zum unbegrenzten Ausbau dieses Systems eingesetzt werden.

Alle drei Entwicklungsschritte wurden im genetischen Programm des Menschen fixiert. Sie konnten sich nur im kommunikativen Zusammenwirken der Menschen untereinander entwickeln und stellten gleichzeitig die Grundlage für die Ausbildung sozio–kultureller selbstorganisierender Systeme dar.

Die biotische Grundlage bildete sich in den zunehmend komplizierter werdenden neuronalen Verschaltungen, für deren Realisierung immer neue Hirnregionen, vor allem im Bereich der Präfrontalrinde, gebildet wurden. Es entwickelten sich bildhafte Kategorien und Abstraktionen, die immer kompliziertere Formen annahmen. An ihrem Zustandekommen waren alle Sinnesmodalitäten aufgrund ihrer zentralen Verschaltungen gemeinsam beteiligt. Doch spielten meist eine oder zwei Sinnesmodalitäten eine führende Rolle. So führte die Fähigkeit zur Herstellung von Werkzeugen dazu, daß mittels der taktilen und motorischen Handfertigkeiten unter Zuhilfenahme des Sehens aus unterschiedlichem Material Gerätschaften und Gebrauchsgegenstände hergestellt wurden, die als Gegenstände im gesellschaftlichen Zusammenleben genutzt wurden. Das gesellschaftliche Zusammenleben weckte aber auch das Bedürfnis, die eigene „Innenwelt" den überpersonellen Regeln eines gemeinsamen Zusammenlebens unterzuordnen. Die Erfüllung dieses Bedürfnisses führte zu interpersonellen Abstimmungen übergreifender Inhalte der mentalen Repräsentation (Bedürfnis nach Religiosität; PICKENHAIN 1995, 1996a). Übersinnliche, religiöse Vorstellungen werden in figuralen Produkten und Darstellungen zum Ausdruck gebracht.

Wenn wir nach den Grundelementen der sozialen Kommunikation fragen, deren Programme in der mentalen Repräsentation abrufbereit sind, so möchte ich acht Gruppen unterscheiden. Sie sind bei den verschiedenen Personen unterschiedlich stark ausgeprägt, weisen viele Verflechtungen auf und können bewußt oder unbewußt ineinander übergehen. Es sind dies:

- der unmittelbare zwischenmenschliche Kontakt,
- rhythmisch ablaufende Vorgänge,
- die sprachliche (verbale und nicht-verbale) Kommunikation,
- die Musik,
- die bildliche Wiedergabe mentaler Repräsentationsinhalte,
- der Umgang mit Pflanzen und Tieren,
- das gesellige Zusammenwirken in Spiel und Sport,
- die gemeinsame Weltanschauung und der gemeinsame Glaube.

Die unterschiedlichen Bereiche kommunikativer Umweltbeziehungen des Menschen haben sich historisch aus einer im Prinzip bei allen Menschen gleichen genetischen Anlage entwickelt. Ihre Realisierung weist jedoch in den verschiedenen Kulturkreisen bisweilen große Unterschiede auf, die das gegenseitige Verständnis erschweren. Es ist wichtig, die Ansätze ihrer Entwicklung zu erkennen, um bei der schwer- oder schwerstgeschädigten Persönlichkeit den richtigen Zugang zu finden. Deshalb ist in jedem Falle die Hinzuziehung nahe verwandter Personen zu empfehlen.

8.1. Der unmittelbare zwischenmenschliche Kontakt

Der unmittelbare zwischenmenschliche Kontakt beginnt sofort nach der Geburt des Kindes. HASSENSTEIN (1987) schildert, daß viele Babys in der ersten Stunde nach der Geburt für längere Zeit ihre Augen offen halten, lebhafter sind und weniger schlafen als in den folgenden 24 Stunden. Dies ist die erste aktive Äußerung des Neugeborenen, in der das Bedürfnis nach zwischenmenschlichem Kontakt zum Ausdruck kommt. Sie steht in Einklang mit dem überwältigenden Glücksgefühl, das die Mutter verspürt, wenn sie ihr Baby gleich nach der Geburt in ihren Armen halten und in seine offenen Augen blicken kann. Fehlt dieser zwischenmenschliche Kontakt in der frühen Entwicklungszeit des neugeborenen Kindes, so führt dies nachgewiesenermaßen zu schweren bleibenden Entwicklungsstörungen.

Seine ersten Erfahrungen über die Welt und über seinen eigenen Körper gewinnt das Kind in seiner frühen Entwicklungsperiode in erster Linie durch diesen zwischenmenschlichen Kontakt. Die multimodalen sensorischen Afferenzen, die durch den Körpergeruch der Mutter, durch zärtliches Streicheln, Saugen an der Mutterbrust, schaukelnde Bewegungen in den Armen der Mutter, liebevolles Ansprechen und den immer wiederholten Blickkontakt ausgelöst werden, führen zur raschen Ausweitung der neuronalen Vernetzungen in der mentalen Repräsentation des Kindes. Die ersten Wahrnehmungen sind sehr elementar, lösen aber bereits ein ganzes Spektrum positiver emotionaler Empfindungen aus. Erst im Laufe von Wochen und Monaten immer erneuter vielfältiger Wahrnehmungen bildet das Kind in seiner elementaren Repräsentation ein zunehmend geschlossenes Erfahrungsbild seiner multimodalen Umwelt. So sieht der Säugling in den ersten Wochen nicht das Gesicht der Mutter mit seinen vielfältigen Details, sondern nur zwei leuchtende Striche, die den Augen entsprechen, die sich öffnen und schließen. Hinzukommt später der Mund, der sich ebenfalls öffnet und schließt, kombiniert mit der wahrgenommenen Sprache und dem liebevollen emotionalen Ausdruck. Doch es dauert länger als 6 Monate, bis der Säugling das Gesicht der Mutter in seinen Einzelzügen erkennt und es schließlich als Bestandteil eines räumlich gegenständlichen Kopfes wahrnimmt (PICKENHAIN 1959).

Diese schrittweise Entwicklung der Wahrnehmung kann beim schwergeschädigten Kind wesentlich verlangsamt sein und bedarf vielfältiger häufigerer Bekräftigung, als dies beim normalen Kind der Fall ist. Wir müssen also viel Geduld aufbringen, um dem Kind die Realisierung der einzelnen Entwicklungsschritte zu ermöglichen. Unter Umständen kann die Zufuhr multimodaler Afferenzen diesen Vorgang erleichtern. Beim schwer- und schwerstgeschädigten Erwachsenen können wir zwar davon ausgehen, daß die multimodalen Vernetzungen seiner mentalen Repräsentation vorhanden waren. Wir wissen aber nicht, was von ihnen erhalten geblieben und nur vorübergehend blockiert ist. So müssen wir möglichst frühzeitig mit viel Geduld versuchen, einen Zugangsweg zu finden.

Der multimodale zwischenmenschliche Kontakt bleibt während des gesamten Lebens des Menschen ein entscheidender Entwicklungs- und Erhaltungsfaktor seiner Persönlichkeit, wobei die Verschaltungen seiner mentalen Repräsentation mit dem limbischen System, d. h. das emotionale Erleben, besonders wichtig sind. Dies zeigt sich im Bestreben, immer neue zwischenmenschliche Beziehungen mit positivem emotionalem Inhalt aufzunehmen und negativ gefärbte Verbindungen zu vermeiden oder zu lösen. Es kommt auch sehr deutlich in den intimen Liebesbeziehungen zum Ausdruck, die sich zwischen zwei Menschen entwickeln. Dabei kann es sich um Personen verschiedenen oder gleichen Geschlechts handeln. Die Isolierung des Menschen, die Zerstörung seiner zwischenmenschlichen Kontakte, wirkt sich, wenn sie über längere Zeit anhält, in jedem Falle verhängnisvoll aus.

Der unmittelbare zwischenmenschliche Kontakt ist einer der Hauptfaktoren für die Entwicklung der selbstbewußten menschlichen Persönlichkeit. Er spielt sich (in unserem Kulturkreis) in der Regel zeitgebunden nur zwischen zwei oder wenigen Personen ab, kann aber zu anderer Zeit auch mit anderen Personen aufgenommen werden. Auf der mentalen Ebene allein, d. h. als bloße subjektive Vorstellung, kann er nicht über längere Zeit wirksam erhalten bleiben. Für seine dauerhafte Wirkung ist realer Vollzug erforderlich. Er ist einer der wichtigsten therapeutischen Faktoren beim Umgang mit schwer-und schwerstgeschädigten Menschen.

8.2. Rhythmisch ablaufende Vorgänge

Die biotischen Vorgänge im menschlichen Organismus laufen in mehr oder weniger unterschiedlichen Rhythmen ab. Nur ein Teil dieser Rhythmen kommt dem Menschen zeitweise zum Bewußtsein. So wird uns der Atemrhythmus bewußt, wenn die Atmung beschleunigt oder erschwert ist bzw. wenn wir unsere Aufmerksamkeit auf sie lenken. Im Gegensatz dazu kommt uns der Herzrhythmus normalerweise nicht zum Bewußtsein. Wir können es aber lernen, auch diesen Rhythmus wahrzunehmen. Die Rhythmen anderer biotischer Vorgänge, z. B. Miktion und Defäkation, haben eine so niedrige Frequenz und sind so unregelmäßig, daß sie uns nicht als Rhythmus zum Bewußtsein kommen. Der Tagesrhythmus spielt zwar in unserem Leben eine grundsätzlich wichtige Rolle. Doch wird er nicht als Rhythmus, sondern als Wechsel des Allgemeinzustandes empfunden. Hingegen spielt der variable Rhythmus der Beinbewegungen bei der Lokomotion im späteren Leben eine weitgehend konstante Rolle, auch wenn wir uns im allgemeinen darüber keine Gedanken machen.

Die Rhythmen des Herzschlags und der Atmung der Mutter wirken ununterbrochen auf den in der Gebärmutter befindlichen Embryo bzw. Fetus ein. Diese Rhythmen werden als immer wiederkehrender Aktivierungsfaktor fest in das neuronale Netz der mentalen Repräsentation eingeprägt. Wir können annehmen, daß dieser rhythmische Aktivierungsfaktor, obwohl er niemals zum Bewußtsein kommt, während des ganzen Lebens in der mentalen Repräsentation erhalten bleibt und den Menschen für die Wahrnehmung rhythmischer Reize in einem breiten Frequenzbereich prägt.

Rhythmische Bewegungen der Gliedmaßen, der Finger, des Kopfes und des Mundes sind beim Säugling und beim Kleinkind immer wieder zu beobachten. Auch in diesen Fällen achtet der Beobachter, wie sicher auch das Kleinkind, nicht vorrangig auf den Rhythmus als vielmehr auf den Gesamtablauf der betreffenden Bewegungsfolge oder des Verhaltens. Der Rhythmus besitzt wiederum keine Eigenbedeutung, sondern tritt als ein Faktor auf, der die Untergliederung der Zeit in bestimmte Abschnitte vornimmt. Es ist auch in diesen Fällen anzunehmen, daß die Ursache dafür in der langfristigen rhythmischen Aktivierung der mentalen

Repräsentation zu suchen ist. In ihr ist gleichsam ein Bedürfnis nach Zeitgliederung, ein Bedürfnis nach Rhythmus entstanden, der zu einem festen Bestandteil des aktiven Verhaltens geworden ist.

Es ist deshalb nicht erstaunlich, daß Rhythmen auch bei der Entwicklung weiterer Grundelemente der sozialen Kommunikation immer wieder eine Rolle spielen. Dies ist zum Beispiel bei der Entwicklung der sprachlichen (verbalen oder manuellen) Kommunikation, der Mimik und der Gesten wie auch beim geselligen Zusammenwirken in Spiel und Sport zu beobachten. Bei der Entwicklung der musikalischen Kommunikationsformen wie bei der Ausführung tänzerischer Bewegungen spielt der Rhythmus eine hochgradig verfeinerte Schlüsselrolle. Auch beim Schreiben und Zeichnen wie beim Inhalt bildlicher Darstellungen sind rhythmische Elemente nicht zu übersehen. Der Rhythmus wird somit infolge seiner festen Verankerung in der mentalen Repräsentation zu einem wichtigen Gestaltungsfaktor der sozialen Umweltbeziehungen des Menschen. In allen Kulturkreisen gehört er zu den wichtigen Grundphänomenen menschlichen Lebens.

Wenn wir dies erkennen, wird uns sofort klar, warum rhythmische Reize unterschiedlicher Modalität beim schwer- und schwerstgeschädigten Menschen eine so große Bedeutung besitzen. Sie greifen an einem elementaren Grundphänomen der mentalen Repräsentation an und vermögen auf diese Weise, den Zugang zu anderen verschütteten oder gehemmten Inhalten zu schaffen. Allerdings gibt es auch hier keine Grundregel für den Einsatz. In jedem Einzelfalle müssen wir die günstigste Modalität sowie die erforderliche Frequenz und Dauer des Rhythmus suchen und neu finden.

Die Rhythmik ist ein Grundphänomen, das schon von Beginn des menschlichen Lebens an in die sich ausbildende mentale Repräsentation eingegeben wird. Rhythmisch ablaufende Aktivitäten treten postnatal in den verschiedensten biotischen Funktionsbereichen auf. Sie stellen auch für die Entwicklung der sozialen Kommunikation und für die schöpferische Darstellung und Entfaltung der Persönlichkeit ein Grundelement dar. Rhythmische unimodale oder multimodale Reizzufuhr ist deshalb ein grundlegend wichtiger Faktor beim Einsatz der Basalen Stimulation.

8.3. Die sprachliche (verbale und nicht-verbale) Kommunikation

Die neuronalen Verschaltungen in den obersten Bereichen des Gehirns haben in der Phylogenese im Prozeß der Menschwerdung eine stürmische selbstorganisierende Entwicklung erfahren. Dabei ist es zwischen den beiden Großhirnhemisphären zu partieller Funktionsaufteilung gekommen, wodurch nicht nur die Verarbeitungs- und Speicherkapazität erhöht, sondern zugleich die Eindeutigkeit der mentalen Repräsentation gesichert werden konnte. So wird bei der überwiegenden Mehrzahl der Menschen in der mentalen Repräsentation der linken Hemisphäre vorwiegend abstrakte, begriffliche Information verarbeitet und gespeichert, in der rechten Hemisphäre anschaulich-bildliche Information. Zwischen beiden Hemisphären bestehen über die Kommissuren direkte kontinuierliche Verbindungen, so daß diese funktionelle Aufteilung keine absolute Trennung bedeutet.

Die genetische Anlage für die Bildung abstrakter Begriffe und die Entwicklung der sprachlichen Kommunikation ist (bei den meisten Menschen) für die linke Hemisphäre vorgegeben. Diese genetische Vorgabe ist aber wieder sehr allgemein und erfährt erst in der individuellen postnatalen Entwicklung ihre konkrete Ausprägung. Im genetischen Potential der Sprachentwicklung ist nicht nur die Ausbildung der gesprochenen Sprache vorgegeben, sondern auch die Ausbildung der Gebärdensprache. Im Laufe der ersten Lebensmonate erzeugt der Säugling nicht nur mit seinen Artikulationsorganen Laute und Phoneme, wie sie in allen auf der Erde gesprochenen Sprachen vorkommen, sondern er führt mit seinen Fingern und Händen unter anderem Bewegungen aus, die Bewegungen bei der Gebärdensprache sehr ähnlich sehen. Man bezeichnet diese Bewegungen als „manuelles Brabbeln“.

TREVARTHEN (1974) berichtet, daß 1–2 Monate alte Kinder häufig mit einer Hand, vor allem der rechten, Bewegungen synchron mit Lippen- und Zungenbewegungen ausführen, was den Eindruck eines rudimentären Versuchs zu sprechen erweckt. Die Breite des genetisch angelegten Programms zeigt sich auch in anderen Beispielen. So konnte nachgewiesen werden, daß Kinder im Alter von 2–3 Monaten in der Lage sind, Phoneme zu unterscheiden, die in ihrer Muttersprache gar nicht als getrennte Phoneme existieren. So können japanische Säuglinge z. B. den

Unterschied zwischen den Lauten „r“ und „l“ wahrnehmen, obwohl die erwachsenen Japaner dies nicht vermögen. In der japanischen Sprache existieren nur Schriftzeichen für Phoneme mit dem Laut „r“, nicht mit dem Laut „l“. Der potentiell angelegte Laut „l“ wird somit von den Kindern niemals gehört, und das Kind wird infolgedessen auch nicht angeregt, seine Erzeugung zu üben und zu festigen. Die Entscheidung darüber, welche der potentiell angelegten Laute und Phoneme später tatsächlich wahrgenommen und produziert werden, fällt durch die selektive Nutzung im kommunikativen Austausch mit den umgebenden Personen im Laufe des ersten Lebensjahres (DEHAENE-LAMBERTZ u. DEHAENE 1994).

Das gleiche gilt für das „manuelle Brabbeln“. Werden die auf die Entwicklung der Gebärdensprache angelegten Hand- und Fingerbewegungen von gehörlosen Partnern in analoger Form beantwortet, so bilden sich aus ihnen in jahrelangem Üben alle Elemente der Gebärdensprache, einschließlich grammatischer und syntaktischer Regeln, die in dem betreffenden Kulturkreis oder Land genutzt werden. Amerikanische Autoren haben Finger- und Handbewegungen tauber Kinder während des manuellen Brabbelns veröffentlicht, die weitgehend mit Phonemen der American Sign Language (ASL = amerikanische Gebärdensprache) übereinstimmen. Wir sehen somit, daß beide Formen der Sprachäußerungen – die akustische und die manuelle – genetisch als Anlage bereitstehen. Die Nutzung entscheidet, welche von ihnen in perfekter Form zur Realisierung der Kommunikation ausgebildet wird.

Werden in frühester Kindheit zwei verschiedene Sprachen gleichzeitig gelernt und genutzt, so bildet sich im Gehirn ein einheitliches System funktioneller neuronaler Vernetzungen. Ihre mentale Repräsentation ist damit einheitlich gefestigt und beide Sprachen werden gleich gut beherrscht. Das Hinzulernen einer Sprache im späteren Alter erfordert demgegenüber den Aufbau eines weitgehend selbständigen zusätzlichen funktionellen Systems, das bei stark unterschiedlichen Sprachen nicht die gleiche Vollkommenheit erreichen kann.

Die Sprache ist eine sehr hoch entwickelte Form sozialer Kommunikation. Durch ihre Fixierung in Schriftzeichen und Symbolen dient sie der Speicherung anschaulicher und abstrakter Inhalte und ihrer Weitergabe in Raum und Zeit. Sie ist in fast alle anderen sozialen Kommunikationsbereiche aufgenommen worden und spielt dadurch eine wichtige verbindende Rolle, wobei kognitive und emotionale Elemente gleichermaßen wirksam sind.

Bei schwer- und schwerstgeschädigten Kindern ist im Prinzip nicht ausgeschlossen, daß das genetische Programm eines elementaren Sprachsystems angelegt ist. Der Zugang zu seiner Entwicklung kann jedoch aus den verschiedensten Gründen erschwert sein. Schon erste Anzeichen, die sich andeuten, sollten wir in jedem Fall nutzen. Dabei müssen wir berücksichtigen, daß sich erste elementare Ansätze sowohl verbal-vokal als auch verbal-gestisch zeigen können. Auch verschiedenartige mimische Ausdrucksformen oder Gesten können angeboten werden und sollten auf jeden Fall beachtet und genutzt werden.

Beim schwer- und schwerstgeschädigten Erwachsenen ist die Frage entscheidend, inwieweit und wie schwer die Hirnregionen von der Schädigung betroffen sind, in denen sich bei dem betreffenden Menschen die mentale Repräsentation der sprachlichen Kommunikation entwickelt hat. In der Regel sind dies Rindengebiete der linken Hemisphäre vor und hinter der lateralen Fissur. Falls die entsprechenden Gebiete der rechten Hemisphäre noch funktionsfähig sind, kann ein teilweises Sprachverstehen mit Erkennen und Wiedergabe bestimmter Wörter sowie bruchstückhaftes Sprechen mit Erhaltung der Satzmelodie noch vorhanden sein oder sich nach Übung wiederherstellen. Auch bei schwerem Koma kann der Zugang zum verbalen System über einzelne Wörter oder vertraute Lautartikulationen wieder erschlossen werden, wenn sie von einer vertrauten Person bei liebevoller Zuwendung ausgesprochen werden.

Die genetische Vorgabe der sprachlichen Kommunikation ist allgemeiner Art und beschränkt sich nicht auf die gesprochene Sprache. Sie umfaßt auch andere Ausdrucksformen kognitiv-sprachlicher Art. Ihre Orientierung auf einen bestimmten Entwicklungsweg (gesprochene Sprache, Gebärdensprache) erfolgt in der Regel im Laufe des ersten Lebensjahres unter dem Einfluß der aktiven Umweltkommunikation. Einfache Sprachelemente sollten im Rahmen der Basalen Kommunikation in jedem Lebensalter eingesetzt werden, um in Verbindung mit anderen Kommunikationsmitteln die schwer- und schwerstgeschädigte Persönlichkeit zu erreichen.

8.4. Die Musik

Zu den elementaren Faktoren der sozialen Kommunikation gehört auch die Musik in ihren ganz verschiedenen Formen. Sie ist in dem sozialen Zusammenleben der Menschen schon zu einem sehr frühen Zeitpunkt der Evolution entstanden und ist ein fester Bestandteil des genetisch vorgeprägten Entwicklungsprogramms. Sie spielt in allen Kulturkreisen eine wichtige kommunikative Rolle, wenn auch die Anlässe zu ihrem Einsatz und ihre Ausdrucksformen ganz unterschiedlich sind. Von Anfang an war sie in verschiedenster Form mit gemeinsamen kommunikativen Bewegungen, wie Tanz, Prozession u. a., verbunden.

Das mentale Repräsentationsfeld für die Erzeugung und Wahrnehmung von Musik befindet sich im hinteren Teil der rechten Temporalrinde. Dort wird jedoch nicht der Rhythmus gespeichert, der über die Verschaltung mit anderen Rindengebieten einbezogen wird. Wenn die Musik zu hoher künstlerischer Meisterschaft entwickelt und selbst aktiv ausgeführt wird, so sind auch Teile der linken Temporalrinde beteiligt. Vermutlich kommen darin die Vertiefung ihres kognitiven Gehalts, die generelle Erweiterung ihres Wirkungsfeldes und vor allem die Verbindung zu dem kommunikativen Sprachsystem zum Ausdruck. In jedem Falle sind die Verbindungen zum limbischen System zur Aktivierung und Realisierung des emotionalen Gehalts wichtig.

Schon gegen Ende der Schwangerschaft nimmt der Fetus Musik, vor allem die singende Stimme der Mutter, wahr. Es ist für ihn die Anbahnung einer weiteren, genetisch vorprogrammierten sozialen Kommunikationsform, deren Bedeutung später zunehmen wird. Singt die Mutter dem Säugling das gleiche Lied vor, das er wiederholt schon vor seiner Geburt gehört hat, so lauscht er mit großer Aufmerksamkeit, was zeigt, daß er sich an dieses Lied, von dieser Stimme gesungen, erinnert. Die kommunikative Bedeutung der Musik beginnt also nicht mit einzelnen Tönen, sondern mit Tonfolgen, mit der Wahrnehmung einer Melodie. In der weiteren Folge lernt er bald, eigene Töne zu erzeugen, sei es mit der eigenen Stimme oder auch mit Hilfe von Gegenständen, die ihm gegeben werden. Damit beginnt die Koppelung von motorischer Aktivität und Tonerzeugung, die in der weiteren Folge im mitmenschlichen Zusammenleben eine große Rolle spielen wird. Neuere Untersuchungen haben gezeigt, daß eine bestimmte Musik (z. B. eine Mozart-Sonate) einen deutlich fördernden Einfluß auf den Ablauf kognitiver Prozesse haben kann (SARNTHEIN et al. 1997). Offensichtlich spielen auch hierbei der Aufbau und die Nutzung multimodaler interneuronaler Vernetzungen im Bereich der mentalen Repräsentation eine Rolle. Die gemeinschaftsbildende Wirkung der Musik wird spontan im häuslichen Milieu und im Zusammenspiel der Kinder sowie gezielt im Kindergarten und in der Schule genutzt. Das angeborene Streben nach aktiver Musikausübung sollte dabei in jeder Weise unterstützt werden. Es dient der vielseitigen Entwicklung und Reifung der Persönlichkeit des Kindes.

Für die Erschließung des kommunikativen Kontakts mit schwer- und schwerstgeschädigten Kindern und Erwachsenen kann die Einwirkung von Musik von großer Bedeutung sein. Auch in diesem Falle ist es wichtig, bei der Auswahl die Mutter oder nahe Verwandte zu Rate zu ziehen. Die aktive Eigenerzeugung von Tönen und Melodien (Stimme, Instrument) ist ein Weg zur Öffnung der Persönlichkeit. Auch die bewußte Gestaltung der Rhythmik sollte dabei beachtet werden.

8.5. Die bildliche Wiedergabe mentaler Repräsentationsinhalte

Die mentale Repräsentation des Menschen enthält bildlich-anschauliche und kognitive Elemente. Die bildlich-anschaulichen Elemente entstammen multimodaler Information, die wiederholt in vielfach unterschiedlicher Konfiguration in das neuronale Netzwerk geleitet wurden und dort gespeichert worden sind. Es ist ein Ausdruck der sozial-kommunikativen Existenz des Menschen, daß er in der Lage ist und schon als Kind das Bedürfnis verspürt, diese bildlich-anschaulichen Elemente aktiv in die Umwelt zu projizieren: sie zu zeichnen, sie mit knetbarem Material nachzubilden, sie aus Papier auszuschneiden usw. Auch ein blindes Kind kann die in seiner mentalen Repräsentation existierende Vorstellung eines Gegenstandes oder einer erhabenen Kontur zeichnen, die es wiederholt ertastet, multimedial wahrgenommen und als Bild gespeichert hat (KENNEDY 1993).

In früher Kindheit enthalten diese Zeichnungen häufig Abweichungen von dem realen Objekt. Damit sind nicht Unsicherheiten in der Führung des Zeichenstifts gemeint, sondern unrichtige Zuordnungen und das Fehlen einzelner Teile der Person oder des Objektes. Die Ursache dafür liegt darin, daß die Nachbildung der Person oder des Gegenstandes in der mentalen Repräsentation noch nicht in allen Teilen korrekt erfolgt ist. Die Nachbildung der Einzelheiten in der mentalen Repräsentation ist ja nichts anderes als die Eingabe und Stabilisierung der eingehenden multimodalen Information im neuronalen Netzwerk des Gehirns. Dieser Vorgang bedarf aber längerer Zeit mit häufigen Wiederholungen. Hinweise auf diese Entwicklung können wir in den gezeichneten Bildern der Kinder finden. Auch in den Vorstellungen unserer mentalen Repräsentation sind niemals alle Einzelheiten der objektiven Erscheinung enthalten, sondern nur ihre markantesten Züge, die für den Umgang mit diesem Gegenstand von besonderer Bedeutung sind.

Der Umgang mit der bildlichen Darstellung ist somit nicht nur Ausdruck der individuellen Entwicklung, sondern zugleich ein Mittel, Elemente der sozialen Kommunikation zu erfassen und im eigenen Handeln festzuhalten. Über bildliche Darstellungen können wir uns somit einen weiteren Zugang zur Vorstellungswelt des Kindes verschaffen und die Wege der sozialen Kommunikation vorsichtig weiter ausbauen. Gleichzeitig sollten wir sie als Mittel im geselligen Zusammensein und Spiel einsetzen.

Vom Kleinkind oder auch von schwergeschädigten Erwachsenen ausgeführte bildliche Darstellungen können uns, vor allem in frühen Stadien, Aufschluß über den Entwicklungsstand seiner mentalen Repräsentation geben. Bereits in den Anfangsstadien sind sie Ausdruck einer elementaren Form sozialer Kommunikation und sollten zum weiteren Ausbau und zur systematischen Entwicklung der sozialen Kommunikation eingesetzt werden.

8.6. Der Umgang mit Pflanzen und Tieren

Zu den Grundelementen der sozialen Kommunikation des Menschen gehören auch seine persönlichen Beziehungen zu Pflanzen und Tieren. Sie spielen nicht nur eine mittelbare, vermittelnde Rolle bei seinem Umgang mit anderen Menschen, wenn er zum Beispiel Blumen verschenkt, sondern er bezieht sie auch unmittelbar in sein soziales Kommunikationsgefüge ein. Dies trifft besonders auf Tiere zu, wenn sie aufgrund ihrer Größe, ihrer Lebensgewohnheiten und ihres allgemeinen Verhaltens dafür geeignet sind.

Pflanzen haben in der Evolution des Menschen schon immer eine bedeutsame Rolle gespielt, als Nahrungsmittel, als Baumaterial zur Schaffung einer Unterkunft, als Blumenschmuck und für viele andere sozial geprägte Zwecke. Tiere wurden als Haustiere und Nutztiere gehalten, zu denen ständiger unmittelbarer Kontakt bestand. So wurde die Beziehung zu Pflanzen und Tieren im Laufe der Evolution zunehmend in das genetische Entwicklungsprogramm des Menschen aufgenommen. Die Realisierung dieser Grundorientierung vollzog und vollzieht sich in den verschiedenen Kulturkreisen in unterschiedlicher Form. Es gibt jedoch auch einige Pflanzen und Tiere, denen gegenüber eine angeborene instinktive Abwehrreaktion besteht, da sie für den Menschen gefährlich werden können. Dies trifft z. B. auf Schlangen zu.

Die multimodalen Informationen, die von Pflanzen und Haustieren ausgehen (Duft und Geruch, Aussehen, Berührungsreize, Lautäußerungen), können somit von frühester Kindheit an als bedeutsame Faktoren in das neuronale Netzwerk der mentalen Repräsentation des Menschen aufgenommen und zu festen Bestandteilen seiner emotional geprägten sozialen Kommunikationswelt werden. Pflanzen beeindrucken ihn durch ihre Blüten, ihren Duft und die vielfältigen Formen ihres aktiven lebendigen Wachstums. Sie spielen auch in der aktiven zwischenmenschlichen Kommunikation bei verschiedenen gesellschaftlichen Anlässen eine Rolle. Tiere, wie Hunde, Katzen, Pferde, Meerschweinchen und andere, sind der unmittelbaren Kommunikation zugänglich. Dabei werden vom Tier und vom Menschen aufeinander abgestimmte biotische Kommunikationsformen angewandt, wie Streicheln, Schmusen, Schnurren, Blickkontakt, Lautäußerungen, in denen die Beteiligung emotionaler Komponenten deutlich zum Ausdruck kommt. Doch nur vom Menschen werden in diesen Kontakt auch kognitive soziale Komponenten eingebracht. Sie werden vom Tier als aktive biotische Verhaltensäußerungen aufgenommen und beantwortet. Die emotional gesteuerte kommunikative Verbundenheit des Menschen kann dabei im Einzelfalle sehr weit gehen. Dies gilt besonders für Personen, die entweder infolge ihrer besonderen Lebensgeschichte oder infolge ihres Alters nur noch einen relativ eingeschränkten kommunikativen Kontakt zu anderen Menschen haben.

Infolge der genetischen Vorgabe zeigen sich erste Ansätze zur Kontaktaufnahme mit Tieren häufig schon in frühester Kindheit. Auch wenn sie aus hygienischen Gründen von den Erwachsenen stark eingeschränkt oder ganz unterbunden werden, ist das Streben nach einem derartigen Kontakt meist deutlich erkennbar. Insbesondere zu den Haustieren entwickelt sich dann häufig ein sehr stark individualisierter Kontakt. Wir können somit davon ausgehen, daß es sich auch hierbei um elementare Grundkomponenten der sozialen Kommunikation des Menschen handelt, die in den komplexen Verbindungen des neuronalen Netzwerkes seines Gehirns eine weitgehend stabile Grundlage besitzen.

Der frühe Umgang mit Pflanzen und Tieren kann bei Kleinkindern mit verzögerter mentaler Entwicklung aufgrund der genetischen Vorgabe mit dazu beitragen, Bereiche ihres neuronalen Netzwerkes im Gehirn für die individuelle Nutzung zu erschließen. Wir können weiter davon ausgehen, daß der frühere Umgang mit Pflanzen und Tieren bei schwer- und schwerstgeschädigten Menschen aufgrund der genetischen Vorgabe und ihrer epigenetischen Realisierung Spuren hinterlassen haben kann, über die ein Zugang zu seinen komplexen mentalen Repräsentationen erschlossen werden kann. Auch in diesem Falle vermögen Auskünfte naher Verwandter oder Bekannter Schlüsselfunktionen aufzudecken, die in vorsichtiger liebevoller Hingabe so frühzeitig wie möglich zur Erschließung eines individuellen Zugangs genutzt werden sollten.

8.7. Das gesellige Zusammenwirken in Spiel und Sport

Das gesellige Zusammenwirken des Menschen in Spiel und Sport wird im allgemeinen nur von seinen äußeren Erscheinungsformen und Wirkungen aus betrachtet: der „Zeitvertreib“ in aktiver Betätigung, die emotionalen Aufschwünge und Enttäuschungen bei Sieg und Niederlage, die Kräftigung der Körpermuskulatur und das Üben koordinativer Fertigkeiten. All dem liegen aber Vorgänge im Bereich der mentalen Repräsentation der jeweiligen Persönlichkeit zugrunde. Sie spielen den entscheidenden Faktor für die Motivation, sich an dem geselligen Zusammenwirken zu beteiligen. Vielfältiges, multimodal gesteuertes Spielen ist ein wichtiger Faktor in der frühkindlichen Entwicklung. Das ererbte genetische Programm erfordert zu seiner Realisierung für die Entwicklung der betreffenden Persönlichkeit die vielfältige variable Wiederholung gleicher aktiver Tätigkeit in unterschiedlichen Situationen. MARIA MONTESSORI (1991) hat diesen Vorgang so hoch eingeschätzt, daß sie ihn als „Arbeit" des Kindes bezeichnet hat. Es sei darauf hingewiesen, daß das spielerische Üben angeborenen Verhaltens zu seiner vollkommenen variablen Ausprägung bei allen höheren Säugetieren (Katzen, Hunden, Affen) eine wichtige Rolle spielt.

Die spielerische Betätigung des Kindes erhält dadurch ihre besondere Bedeutung, daß sie im geselligen Miteinander in sozial geprägter Kommunikation mit anderen Kindern erfolgt. Es ist ein Schritt auf dem Wege der vorgeprägten Menschwerdung. Der Beitrag des Spiels zum Ausbau und zur Entwicklung der mentalen Repräsentation des Kindes wird dann besonders wirksam, wenn er sich im Zusammenwirken von Personen vollzieht, deren mentale Repräsentationen sich in einem ähnlichen Entwicklungsstadium befinden. Die Angebote gemeinsamer spielerischer Betätigung an ein schwergeschädigtes Kind müssen sehr einfach und elementar sein, um akzeptiert zu werden. Das Kind kann das gesellige Zusammenwirken nur dann ausführen und dadurch gefördert werden, wenn es den vorhandenen neuronalen Verschaltungen seiner mentalen Repräsentation entspricht und von ihnen akzeptiert wird. Dies bedeutet immer wiederholtes Vortasten, immer erneute Prüfung der Akzeptanz und vorsichtiges variables Vorgehen, um den richtigen Zugang zu finden.

Das Wort „Sport" klingt im Zusammenhang unseres Anliegens sehr anspruchsvoll. Doch es gibt elementare Formen sportlicher Betätigung, deren Einsatz bei schwergeschädigten Erwachsenen unter bestimmten Bedingungen versucht werden kann. Entscheidend ist hierbei nicht die körperliche Belastung oder die zu erwartende koordinative Leistung, sondern vor allem das gesellige Zusammenwirken. Dieser Faktor, der dem jetzt schwergeschädigten Erwachsenen bei seinem früheren Sporttreiben gar nicht als so wesentlich zum Bewußtsein kam, ist jetzt der wichtige Anknüpfungspunkt, um im Bereich seiner mentalen Repräsentation den Zugang zu ihm zu finden und zu öffnen. Dabei können aktiv ausgeführte Bewegungselemente behilflich sein und neuronale Verbindungen wieder aktivieren, die durch die Schädigung gehemmt oder teilweise zerstört waren. Voraussetzung ist allerdings, daß der Betreffende sich vor seiner Schädigung lebhaft für Sport interessiert und aktiv sportlich betätigt hat.

Spielerische Betätigung ist für das Kleinkind ein wichtiger sozialer Faktor für das variable Üben und Einprägen neuronaler Verschaltungen im Netzwerk des Gehirns. Geselliges Zusammenwirken in Spiel und Sport ist beim Erwachsenen von tiefgreifenden dauerhaften emotionalen Erlebnissen geprägt, die auch nach einer schweren Schädigung im Bereich der mentalen Repräsentation noch längere Zeit erhalten bleiben und als Anknüpfungspunkt zu erneuter Aktivierung genutzt werden können.

8.8. Gemeinsame Weltanschauung, gemeinsamer Glaube

Jedes menschliche Wesen wird in eine historisch gewachsene sozio-kulturelle Gemeinschaft hineingeboren, in der es sein Leben gestalten wird. Die Verwirklichung seiner genetischen Anlage erfolgt unter dem Einfluß zahlreicher Grundelemente der sozialen Kommunikation dieser Gemeinschaft, die sein Bedürfnis nach innerer Sicherheit und Geborgenheit erfüllen. Die Voraussetzungen dafür sind in der frühen Kindheit meist gegeben. Probleme treten im Zusammenhang mit der Pubertät auf, wenn der Jugendliche bestrebt ist, eine unabhängige Eigenpersönlichkeit zu entwickeln und durchzusetzen. Das in der mentalen Repräsentation durch die gesellschaftlichen Bedingungen eingebrachte Wertesystem wird überprüft und erfordert eine Neuordnung, um die Eigenidentität der Persönlichkeit zu sichern. Diese Entwicklung führt in vielen Fällen dazu, daß der junge Mensch nach einem neuen Wertesystem gesellschaftlicher Normen sucht, das ihm Sicherheit und Geborgenheit verschafft.

Im allgemeinsten Sinne kann man davon sprechen, daß im Menschen ein Bedürfnis nach sozio-kultureller Geborgenheit oder nach „Religiosität" besteht (PICKENHAIN 1996). Dies bedeutet die bewußte Eingliederung in ein System gesellschaftlicher Normen sozialen Zusammenlebens. Es kann durch die Bindung an eine Religionsgemeinschaft, eine sozial-aktive Gemeinschaft oder eine Sekte geschehen. Es kann auch durch die Identifizierung mit der weltanschaulichen Richtung einer traditionellen Partei, ja in einem diktatorischen System sogar mit der bewußten Eingliederung in ein gesellschaftliches Gefüge erfolgen, das sehr restriktiven Regelungen unterliegt. In all diesen Fällen entspringt das Motiv dem tief verwurzelten Streben nach sozialer Sicherheit und Geborgenheit.

Wenn bei schwer- und schwerstgeschädigten Menschen im bisherigen Leben eine solche innere Bindung bestanden hat, kann sie ein wichtiges Grundelement im Beziehungsgefüge der mentalen Repräsentation sein. Ist dies der Fall, dann kann der Weg über kommunikative Elemente dieses Beziehungssystems unter Umständen zu einem wichtigen Zugang zu dieser Persönlichkeit werden: figurale oder verbale Symbole, Musikelemente, symbolische Gesten u. a. Über Verwandte und nahe Bekannte müssen wir feststellen, ob soziale Kommunikation dieser Art bestanden hat, wie sie orientiert war und ob wir Hinweise auf elementare Inhalte und Ausdrucksformen erhalten können.

Zu den Grundbedürfnissen der menschlichen Persönlichkeit gehört das Bedürfnis nach sozialer Einbettung in ein gesellschaftlich organisiertes, überindividuelles Bezugs-, Schutz- und Wertesystem. Da es in der mentalen Repräsentation des schwer– oder schwerstgeschädigten Menschen eine wirksame Grundposition einnehmen kann, ist auf diesem Wege unter Umständen ein Zugang zu ihm möglich.

9. Zusammenfassung

Der Mensch schafft die Vorstellung von sich und seiner Umwelt selbst und ist in Abstimmung mit anderen Menschen aktiv handelndes Geschöpf in der von ihm geschaffenen Welt.

Die Auffassungen vom Wesen und von der Entwicklung des Menschen sind heute bei den meisten Personen und auch in der Literatur noch weitgehend von traditionellen, wissenschaftlich überholten Auffassungen geprägt. Sie werden noch von Erinnerungen an das biogenetische Grundgesetz HAECKELS beeinflußt, betrachten den Menschen als ein Wesen, das nur reflektorisch auf Umweltreize antwortet, gehen davon aus, daß die objektive Umwelt sich in seiner subjektiven Welt widerspiegelt, und vernachlässigen die in der Evolution entstandene soziale Vorprägung des genetischen Programms des Menschen. Dadurch entstehen naturgemäß Schwierigkeiten beim Verständnis einer schwer- oder schwerstgeschädigten Person, die sich in einer Grenzsituation befindet, in der sie von vielen nicht mehr als Mensch akzeptiert und in der ihre Überlebensfähigkeit in Frage gestellt wird.

Im vorliegenden Buch wurde dargestellt, daß wir heute über fundamental neue, weitreichende neurowissenschaftliche Kenntnise verfügen, die Wege aufzeigen, einen solchen Menschen zu verstehen und ihm auch in einem solchen Grenzzustand noch zu helfen. Die Grundvorstellung vom Wesen des Menschen in seiner ganzheitlichen aktiven Beziehung zu seiner Umwelt soll abschließend in der Abbildung 21 noch einmal schematisch zusammenfassend dargestellt werden.

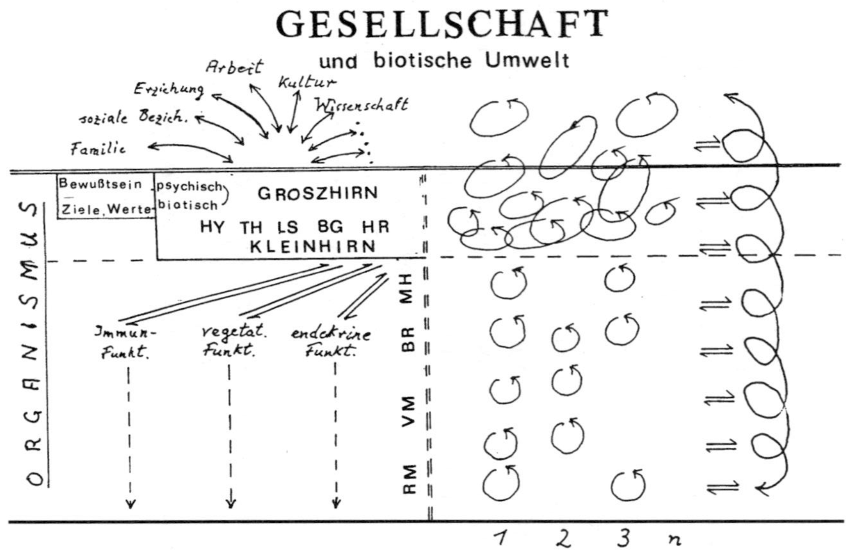

Abb. 21

Schematische Darstellung des Systems Organismus-Umwelt mit der Charakterisierung einiger Untersysteme. Die selbstorganisierenden Systeme im Rückenmark **(RM)**, verlängerten Mark **(VM)**, der Brücke **(BR)** und dem Mittelhirn **(MH)** sind im wesentlichen hierarchisch aufgebaut, während die selbstorganisierenden Systeme in den höheren Bereichen des Gehirns (**HY** = Hypothalamus; **TH** = Thalamus; **LS** = limbisches System; **BG** = Basalganglien; **HR** = Hirnrinde) sowie zwischen Organismus und Umwelt nach Bedarf variabel aufgebaut, umorganisiert und abgerufen werden. **1** selbstorganisierendes System für die Lokomotion, **2** für das Greifen, **3** und **n** für andere Funktionen. Die rechts eingezeichnete Spirale, die nach oben und unten läuft, soll zeigen, daß direkte Einwirkungen von der Umwelt bis auf die molekulare Ebene im Menschen und von verschiedenen Ebenen des Organismus in die Umwelt laufen (nach PICKENHAIN 1990).

Die waagerechte Doppellinie im oberen Teil der Abbildung markiert die Grenze zwischen dem Organismus des Menschen und seiner Umwelt. In der Mitte des Organismus ist senkrecht das Zentralnervensystem eingetragen, das alle Vorgänge innerhalb des Organismus sowie zwischen Organismus und Umwelt regelt und steuert. Es besteht, von unten nach oben aufsteigend, aus dem Rückenmark (RM), dem verlängerten Mark (VM), der Brücke (BR) und dem Mittelhirn (MH). In diesen niederen Abschnitten des Zentralnervensystem bilden sich nach der genetischen Vorgabe durch Selbstorganisation fest verschaltete neuronale Systeme aus, die lebenslang wichtige Funktionen absichern. Die in sich geschlossenen Pfeilkreise rechts von der Mittellinie sind Symbole für selbstorganisierende funktionelle Systeme. So markiert die Ziffer 1 das selbstorganisierende System der Lokomotion, das sich bereits sehr frühzeitig im Lumbalteil des Rückenmarks bildet. Es wird in der weiteren Entwicklung zunehmend von selbstorganisierenden Systemen höherer Niveaus des Zentralnervensystems gesteuert, bleibt aber das fundamentale Grundsystem für diese Funktion. Das gleiche trifft für die selbstorganisierende neuronale Verschaltung des Greifens zu (Ziffer 2), die im thorakalen Teil des Rückenmarks lokalisiert ist. Ziffer 3 und n geben an, daß weitere analoge funktionelle Systeme dieser Art in diesem Bereich des Zentralnervensystems existieren. Die funktionelle Anordnung entspricht dem hierarchischen Aufbau in den niederen Anteilen des Zentralnervensystems.

Die Situation ändert ich grundlegend, sobald wir die höheren Anteile des Zentralnervensystems betrachten. In ihnen gibt es keinen hierarchischen Aufbau mehr, weder anatomisch noch funktionell. Das neuronale Netzwerk wird hochkompliziert und die selbstorganisierenden Systeme (Pfeilkreise) bilden sich im Zusammenwirken ganz unterschiedlicher und z. T. weit auseinanderliegender Strukturen, von denen hier nur der Hypothalamus (HY), der Thalamus (TH), das limbische System (LS), die Basalganglien (BG), das Kleinhirn und das Großhirn mit der Großhirnrinde (HR) angeführt sind. Ein weiteres wichtiges Charakteristikum dieser höheren selbstorganisierenden Systeme besteht darin, daß sie sich in ihren funktionellen Verschaltungen weitgehend überschneiden. Hier organisieren sich die biotischen Grundlagen der mentalen Repräsentationen, die gleichzeitig als psychische Phänomene subjektiv zum Bewußtsein kommen oder im Unterbewußtsein wichtige bestimmende Elemente darstellen. Auf dieser Ebene formuliert der Mensch seine Zielvorstellungen, in denen Werturteile eine wichtige Rolle spielen. Zur Sicherung der Wechselbeziehungen zwischen Körper und Gehirn werden von dieser Ebene aus die Immunfunktionen, die vegetativen Funktionen der inneren Organe und die Hormonausschüttung des endokrinen Systems gesteuert, wobei in jedem Falle eine Rückmeldung erfolgt.

Dieser Mensch ist eingeordnet in die gesellschaftliche und biotische Umwelt, mit der er sich aktiv auseinandersetzt. Einige der zahlreichen Formen sozialer Kommunikation mit der Umwelt sind links oben eingetragen. Auch diese soziale Kommunikation vollzieht sich in Form selbstorganisierender Systeme, wie rechts oben durch die Pfeilkreise angedeutet wird. Dabei kann in dem selbstorganisierenden Organismus-Umwelt-System der Einzelorganismus des Menschen als aktive Persönlichkeit unmittelbar einbezogen sein, wie beim Werkzeuggebrauch, bei der Arbeit, bei der externen Speicherung und vielen anderen individuellen oder gemeinschaftlichen Tätigkeiten. In diesen Fällen überschreitet der Pfeilkreis die Grenze des Organismus und reicht unterschiedlich weit in die gesellschaftliche Umwelt hinein. Es bilden sich aber auch auf der rein gesellschaftlichen Ebene selbstorganisierende Gruppen und Gemeinschaften (Pfeilkreise im Bereich der Gesellschaft), in denen die soziale Gebundenheit und Geborgenheit der Gesamtpersönlichkeit ihren Ausdruck findet und zwischen denen soziale Gruppenkonflikte unterschiedlicher Art ausgetragen werden.

Die ganz rechts über zahlreiche Ebenen des Organismus und der Umwelt in beiden Richtungen laufende Spirale soll schließlich die engen Beziehungen zwischen Organismus und Umwelt deutlich machen. Einflüsse der Umwelt können im Organismus ablaufende biotische und mentale Prozesse auf allen Ebenen beeinflussen, und über aktive unbewußte und bewußte Handlungen wirkt der Mensch in vielfältigen Formen auf seine biotische und soziale Umwelt ein.

Das ganzheitliche Verständnis dieser Beziehungen zwischen dem Menschen und seiner Umwelt vermag Einzelfaktoren anzudeuten, über die wir zu einem schwer- oder schwerstgeschädigten Menschen Zugang finden können. Einzelne derartige Wege sind im vorliegenden Buch dargestellt. Das eine Ziel, das wir dabei anstreben müssen, ist die zunehmende Wiederherstellung oder Neugestaltung seiner „inneren Welt", d. h. der mentalen Repräsentation seiner Welt, in der er wieder aktiv zu handeln lernt. Das zweite Ziel, zu dem wir versuchen müssen, ihn zu führen, ist der „objektivierende Erfahrungsbereich". Er soll zu der Einsicht kommen, daß seine subjektive Vorstellung von sich und von seiner Umwelt mit der Vorstellung anderer Menschen in den wichtigsten Punkten übereinstimmt. Dies bedeutet für ihn die Erkenntnis, daß er als Persönlichkeit anerkannt und gebraucht wird.

10. Literaturempfehlungen

AFFOLTER, F. D.: Wahrnehmung, Wirklichkeit und Sprache. Villingen-Schwenningen 1991

AYRES, A. J.: Bausteine der kindlichen Entwicklung. Berlin 1984

BIENSTEIN, Chr., FRÖHLICH, A.: Basale Stimulation in der Pflege. Düsseldorf 1993

BIENSTEIN, Chr., FRÖHLICH, A. (Hrsg.): Bewußtlos. Eine Herausforderung für Angehörige, Pflegende und Ärzte. Düsseldorf 1994

BIENSTEIN, Chr., ZEGELIN, A. (Hrsg.): Handbuch Pflege. Düsseldorf 1999

CALVIN, W. H.: Die Symphonie des Denkens. Wie Bewußtsein entsteht. München 1995

CRICK, F.: Was die Seele wirklich ist. Die naturwissenschaftliche Erforschung des Bewußtseins. Reinbek 1997

DAMASIO, A. R.: Descartes Irrtum. Fühlen, Denken und das menschliche Gehirn. München 1997

DUDEL, J., MENZEL, R., SCHMIDT, R. F. (Hrsg.): Neurowissenschaft. Berlin 1996

FRÖHLICH, A.: Basale Stimulation. Das Konzept. Düsseldorf 1998

HASSENSTEIN, B.: Verhaltensbiologie des Kindes. München 1987

FRÖHLICH, A., BIENSTEIN, Chr., HAUPT, U. (Hrsg.): Fördern – Pflegen – Begleiten. Düsseldorf 1997

HAUPT, U.: Körperbehinderte Kinder verstehen lernen. Düsseldorf 1996

KRISTEN, U.: Praxis Unterstützte Kommunikation. Eine Einführung. Düsseldorf 1994

LURIJA, A. R.: Das Gehirn in Aktion. Einführung in die Neuropsychologie. Reinbeck 1992

MILZ, I.: Neuropsychologie für Pädagogen. Neuropsychologische Voraussetzungen für Lernen und Verhalten. Dortmund 1996

MONTESSORI, Maria: Kinder sind anders. München 1991

MONTESSORI, Maria: Erziehung zum Menschen. Frankfurt 1994

PICKENHAIN, L.: Montessori-Pädagogik im Lichte der Neurowissenschaft. In: HARTH-PETER, W. (Hrsg.): „Kinder sind anders". Maria Montessoris Bild vom Kinde auf dem Prüfstand. Würzburg 1996a, S. 153-182

PICKENHAIN, L.: Zur Entwicklung des Kindes. Neurowissenschaftliche Erkenntnisse. motorik 19, 106-112, 1996b

RITTER, G.: Die zwischenmenschliche Beziehung in der Bewegungsbehandlung. Düsseldorf 1999

ZIEGER, A.: Selbstorganisation und Subjektentwicklung. Ontologische und ethische Aspekte neuropädagogischer Förderung schwerstbehinderter Menschen. Behindertenpädagogik 31, 118-137, 1992

ZINKE-WOLTER, P.: Spüren – Bewegen – Lernen. Dortmund 1994

11. Literaturverzeichnis

AFFOLTER, F. D.: Perception, Interaction and Language. Berlin 1991

AMZICA, F., STERIADE, M.: Progressive cortical synchronization of ponto-geniculo-occipital potentials during rapid eye movement sleep. Neuroscience 72, 309-314, 1996

BERGER-SWEENEY, J., HOHMANN, Ch. F.: Behavioral consequences of abnormal cortical development: insights into developmental disabilities. Behav. Brain Res. 86, 121-142, 1997

BERNSTEIN, N. A.: Bewegungsphysiologie. Leipzig 1975

BIRBAUMER, R., SCHMIDT, R. F.: Biologische Psychologie. Berlin 1996

BOWER, T.: The perceptual world of the new-born child. In: SLATER, A., BREMNER, G. (Eds): Infant Development. London 1989, pp. 85-121

BRESSLER, St. L.: Large-scale cortical networks and cognition. Brain Res. Rev. 20, 288-304, 1995

BUSNEL, M. C., GRANIER-DEFERRE, C., LECANUET, J. P.: Fetal audition. In: TURKEWITZ, G. (Ed.): Developmental Psychobiology. Ann. N. Y. Acad. Sci., Vol. 662, 118-134, 1992

CAPRA, F.: Lebensnetz. Ein neues Verständnis der lebendigen Welt. Bern 1996

CRICK, F., KOCH, Ch.: Das Problem des Bewußtseins. Spektrum d. Wissenschaft, 11, 144-152, 1992

DEHAENE-LAMBERTZ, G., DEHAENE, Sh.: Speed and cerebral correlate of syllable discrimination in infants. Nature 370, 292-295, 1994

EIMAS, P. D., MILLER, J. L.: Infant categories and categorization. In: EDELMAN, G. M., GALL, W. E., COWAN, W. M. (Eds): Signal and Sense. Local and Global Order in Perceptual Maps. New York 1991, pp. 433-449

EISENBERG, L: The social construction of the human brain. Am. J. Psychiatry 152, 1563-1575, 1995

ESTES, D., WELLMAN, H. M., WOOLLEY, J. D.: Children's unterstanding of mental phenomena. Adv. Child Dev. & Behav., Vol. 22, 41-87, 1989

FRÖHLICH, A.: Zu früh für diese Welt? Z. für Heilpädagogik H. 5, 178-183, 1997

GAZZANIGA, M. A. (Ed.): The Cognitive Neurosciences. Cambridge MA 1995

GIBSON, E. J.: Introductory essay: What does infant perception tell us about theories of perception? J. exp. Psychol. 13, 515-523, 1987

GURFINKEL, V. S., DEBREVA, E. E., LEVIK, Ju. S.: (Die Rolle des inneren Modells bei der Stellungswahrnehmung und Bewegungsplanung der Hand). Fiziol. cel. (Moskva) 12, 769-776, 1985

HEBB, D. O.: The Organization of Behavior. New York 1949

HEPPER, P. G.: Fetal learning. Brit. J. Psychiatry 155, 289-293, 1989

HEPPER, P. G.: Fetal psychology: an embryonic science. In: NIJHUIS, J. G. (Ed.): Fetal Behaviour: Developmental and Perinatal Aspects. Oxford 1992, pp. 129-156

HESSLOW, G.: Will neuroscience explain consciousness? J. theor. Biol. 171, 29-39, 1994

JANTSCH, E.: Die Selbstorganisation des Universums. München 1982

KAVANAU, J. L.: Memory, sleep, and the evolution of mechanisms of synaptic efficacy maintenance. In: Rev. A. Los Angeles: UCLA Document Services, 1996, 1-62

KAVANAU, J. L.: Origin and evolution of sleep: Roles of vision and endothermy. Brain Res. Bull. 42, 245-264, 1997

KENNEDY, J. M.: Drawing and the Blind. Pictures to Touch. New Haven 1993

LECANUET, J.-P., FIFER, W. P., KRASNEGOR, N. A., SMOTHERMAN, W. P. (Eds).: Fetal Development. A Psychobiological Perspective. Hillsdale (N.J.) 1995

LOCKE, J. L.: A theory of neurolinguistic development. Brain & Language 58, 265-326, 1997

LURIJA, A. R.: Die höheren kortikalen Funktionen des Menschen und ihre Störungen bei örtlichen Hirnschädigungen. Berlin 1970

LURIJA, A. R.: Osnovy nejropsichologii (Grundlagen der Neuropsychologie). Moskva 1973 (dt.: Das Gehirn in Aktion. Reinbek 1992)

LURIJA, A.: Sprache und Bewußtsein. Berlin 1982

MATURANA, H., VARELA, F. J.: Der Baum der Erkenntnis. Bern 1987

MELZACK, R.: Phantom limbs and the concept of neuromatrix. TINS 13, 88-91, 1990

MOUNTCASTLE, V.: The evolution of ideas concerning the function of the neocortex. Cerebral Cortex 5, 289-295, 1995

NIJHUIS, J. G. (Ed.): Fetal Behaviour. Developmental and Perinatal Aspects. Oxford 1992

PAPOUŠEK, M.: Vom ersten Schrei zum ersten Wort. Anfänge der Sprachentwicklung in der vorsprachlichen Kommunikation. Bern 1994

PICKENHAIN, L.: Grundriß der Physiologie der höheren Nerventätigkeit. Berlin 1959

PICKENHAIN, L.: Aktive Betätigung als ein bestimmender Entwicklungsfaktor genetisch determinierter Erbanlagen des Menschen. In: IBEN, G. (Hrsg.): Das Dialogische in der Heilpädagogik. Mainz 1988, S. 225-229

PICKENHAIN, L.: Psychophysiology of sports, exercise and fitness: Developmental aspects. In: DIAMANT, L. (Ed.): Mind-Body Maturity. New York 1991, pp. 67-89

PICKENHAIN, L.: Über die Einheit von Wahrnehmen und Bewegen. Behindertenpädagogik 31, 12-18, 1992

PICKENHAIN, L.: LURIJAS neuropsychologische Theorie und ihre Bedeutung für die Neurowissenschaft. In: Fortschritte der Psychologie, Bd. 6, S. 33-60, Münster 1994

PICKENHAIN, L.: Neuro- und verhaltenswissenschaftliche Grundlagen der aktiven Selbstentwicklung des Kindes. Das Kind 18, 1995, S. 57-78

PICKENHAIN, L.: Neurowissenschaftliche Grundlagen der Ergotherapie. In: PRESBER, W., NÈVE, W. de (Hrsg.): Ergotherapie. Grundlagen und Techniken. Wiesbaden 1997, S. 162-184

PICKENHAIN, L., NEUMANN, G., SCHARSCHMIDT, F.: Sportmedizin. Grundfragen, Methoden, Ziele. Bern 1993

POULSON, C. L., NUNES, L. R. De P., WARREN, St. F.: Imitation in infancy. A critical review. Adv. in Child Dev. & Behav., Vol. 22, 271-298, 1989

PRECHTL, H. F. R., NIJHUIS, J. G.: Eye movements in the human fetus and newborn. Behav. Brain Res. 10, 119-124, 1983

RITTER, H.: Self-organizing maps for internal representations. Psychol. Res. 52, 128-136, 1990

ROCHAT, Ph. (Ed.): The Self in Infancy. Theory and Research. Adv. Psychol., Vol. 112, Amsterdam 1995

RÖDER, B., RÖSLER, F., HENNIGHAUSEN, E., NÄCKER, F.: Event-related potentials during auditory and somatosensory discrimination in sighted and blind human subjects. Cognit. Brain Res. 4, 77-93, 1996

RÖNNQVIST, L., HOFSTEN, C. von: Neonatal finger and arm movements as determined by a social and an object context. Early Dev. & Parenting 3, 81-94, 1994

ROHEN, J. W.: Funktionelle Anatomie des Nervensystems. Stuttgart 1994

ROTH, G.: Das Gehirn und seine Wirklichkeit. Kognitive Neurobiologie und ihre philosophischen Konsequenzen. Frankfurt 1994

ROTH, G.: Schnittstelle Gehirn. Zwischen Geist und Welt. Bern 1996

SAADAH, E. S. M., MELZACK, R.: Phantom limb experience in congenital limb-deficient adults. Cortex 30, 479-485, 1994

SAKURAI, Y.: Population coding by cell assemblies - what it really is in the brain. Neurosci. Res. 26, 1-16, 1996

SARNTHEIN, J., von STEIN, A., RAPPELSBERGER, P., PETSCHE, H., RAUSCHER, F. H., SHAW, G. L.: Persistent patterns of brain activity: An EEG coherence study of the positive effect of music on spatial-temporal reasoning. Neurol. Res. 19, 107-116, 1997

SCHERER, H.-G.: Sportliches Bewegungshandeln und räumliche Orientierung bei Blindheit. motorik, 19, 75-82, 1996

SCHMIDT, R. F., THEWS, G. (Hrsg.): Physiologie des Menschen. Berlin 1995

SINGER, W.: Synchronization of cortical activity and its putative role in information processing and learning. Ann. Rev. Physiol. 55, 349-374, 1993

SPELKE, E. S.: Cognitive capacities of human infants: Conceptions of object motions. In: EDELMAN, G. M., GALL, W. E., COWAN, W. M. (Eds): Signal and Sense: Local and Global Order in Perceptual Maps. New York 1990, pp. 415-431

SPERRY, R.: Consciousness, personal identity and the divided brain. Neuropsychologia 22, 661-673, 1984

TREVARTHEN, C.: Development of intersubjective motor control in infants. In: WADE, M. G., WHITING, H. T. R. (Eds): Motor Development in Children: Aspects of Coordination and Control. Lancaster 1986

VOJTA, V.: Die zerebralen Bewegungsstörungen im Säuglingsalter. Stuttgart 1974

WEISKRANTZ, L.: Blindsight. Oxford 1986

WEIZSÄCKER, V. v.: Der Gestaltkreis. Theorie der Einheit von Wahrnehmen und Bewegen. Leipzig 1943

WHEELER, M. A., STUSS, D. T., TULVING, E.: Toward a theory of episodic memory: The frontal lobes and autonoetic consciousness. Psychol. Bull. 121, 331-354, 1997

ZIEGER, A.: Neurophysiologische und neuropsychologische Grundlagen des menschlichen Gehirns. Oldenburg 1990

12. Glossar

Adaptation:
Verstellung der Ansprechschwelle eines Rezeptors, so daß der Rezeptor auf kleine Reizstärkenänderungen innerhalb eines Intensitätsbereichs fein abgestuft ansprechen kann. Es gibt schnell adaptierende Rezeptoren, z. B. Pacini-Körperchen, und langsam adaptierende, z. B. Temperaturrezeptoren, Sehrezeptoren.

Amnionepithel:
Einschichtiges Epithel, das die Amnionhöhle, in der sich der Fetus mit dem Fruchtwasser befindet, auskleidet.

apallisches Syndrom:
Symptomenkomplex bei funktioneller Trennung des Hirnmantels (Pallium) vom Hirnstamm und den übrigen Hirnzentren. Kann nach schweren Hirntraumen und schweren Hirnerkrankungen auftreten. Es ist ein Durchgangsstadium, das zum Absterben der Hirnrinde oder - bei geeigneter Behandlung – zur partiellen oder vollständigen Wiederherstellung der Hirnfunktionen führen kann.

Aufmerksamkeit:
Konzentration auf eine bestimmten Situation, eine bestimmte Empfindung oder einen bestimmten Gedanken unter Ausblendung der übrigen. Es ist ein sehr weiter Begriff, der Vorgänge umfaßt, die sicher nicht nur durch einen einzigen Hirnmechanismus realisiert werden.

Axon:
Nervenzellfortsatz, über den das Neuron Informationen auf andere Nervenzellen überträgt. Jedes Neuron besitzt nur ein Axon, das sich aber vielfältig verzweigt.

biotisch:
Bezeichnet die in der belebten Natur ablaufenden Einzelvorgänge; biologisch = Zugehörigkeit zur Biologie (analog der Unterscheidung psychisch – psychologisch).

Cerebellum:
Lateinische Bezeichnung für Kleinhirn.

Corpus callosum:
Sehr großes Nervenfaserbündel, das die beiden Hälften des zerebralen Kortex miteinander verbindet.

Dendrit:
Baumartige Verzweigungen der Nervenzelle. Über die Dendriten empfan-

gen die Nervenzellen Signale von anderen Nervenzellen (s. Synapse).

Down-Syndrom:
Durch Chromosomenfehlbildung entstehende geistig-körperliche Fehlbildung. Die jetzt nach dem englischen Arzt Langdon DOWN benannte Erkrankung wurde früher als mongoloider Schwachsinn bezeichnet. In dieser Bezeichnung kam die anmaßende Überheblichkeit europäischer Ärzte und zugleich die falsche Auffassung zum Ausdruck, daß man Menschen mit dieser Erkrankung nicht in unsere Gesellschaft eingliedern könne.

EEG, Elektroenzephalogramm:
Die Aufzeichnung von Hirnströmen (der unspezifischen elektrischen Aktivität des Gehirns) mit Hilfe von Elektroden, die an der Kopfoberfläche angebracht werden. Die zeitliche Auflösung ist gut, die räumliche schlecht.

Embryo:
Keimling von der Befruchtung bis zum 60. Tage in der Gebärmutter.

epigenetische Faktoren:
s. genetisches Programm.

Fetus:
Keimling vom 61. Tage der Entwicklung in der Gebärmutter bis zur Geburt.

genetisches Programm:
Die in der Evolution entstandene und im Genom jeder Zelle enthaltene Entwicklungsorientierung. Es enthält die Ordnungsprinzipien des Organismus, nach denen seine Entwicklung in der aktiven Auseinandersetzung mit den epigenetischen Zufallsfaktoren der Umgebung realisiert wird.

Glia-Zelle:
Zellen im Nervensystem, die die Nervenzellen gegeneinander abgrenzen. Sie besitzen Stütz- und Nährfunktion und sind im Gegensatz zu den Nervenzellen zeitlebens vermehrungsfähig.

Gyrus:
Oberster Teil der Hirnwindungen. Jeder einzelne Gyrus hat einen Namen (z. B. Gyrus angularis).

Hippokampus:
Ein subkortikaler Teil des Gehirns. Er wurde so benannt, weil seine Form einem Seepferdchen gleicht. Vermutlich spielt er bei der vorübergehenden Speicherung bzw. Kodierung des episodischen Langzeitgedächtnisses eine Rolle.

Homöostase:
Eigenschaft des Organismus bzw. organismischer Regelsysteme, bestimmte physiologische Größen (Blutdruck, Blut-pH, Körpertemperatur) innerhalb gewisser zulässiger Grenzen zu halten.

Kinästhetik:
Bewegungsempfindung; Adj. kinästhetisch.

kognitiv:
Auf die Erkenntnis bezogen. Zu den kognitiven Funktionen gehören komplexe psychische Vorgänge wie Wahrnehmen, Erkennen, Vorstellen, Den-

ken, Erinnern, Urteilen, Lernen, Problemlösen und andere.

Kommissuren:
Nervenfaserverbindungen, die symmetrische Teile der beiden Großhirnhemisphären bilateral miteinander verbinden. Die größte Kommissur ist beim Menschen das Corpus callosum. Zusätzlich existieren noch kleinere Kommissuren.

Kortex:
Großhirnrinde; Adj. kortikal.

Lokomotion:
Fortbewegung im Raum.

lumbal:
Die Lendengegend betreffend.

manuell:
Mit der Hand und den Fingern ausgeführt.

mental:
Geistig, psychisch.

mentale Repräsentation:
System multipel verschalteter Neurone in weit auseinanderliegenden Gebieten des Gehirns. In ihm wird die eingehende multisensorische Information aufgenommen, verarbeitet und das Ergebnis in Handlungen umgesetzt. Sie ist beim Menschen das neuronale Korrelat subjektiv erlebter Vorgänge.

Modalität:
Qualitative Spezifik der verschiedenen Sinnesfunktionen (Sehen, Hören, Riechen).

multimodal:
Vorgänge im Gehirn, an denen gleichzeitig die Modalitäten unterschiedlicher Sinnesorgane beteiligt sind.

multisensorisch:
Funktionen, bei denen mehrere Sinnesorgane zusammenwirken.

Myelin:
Substanz der Markscheide, die das Axon gegenüber seiner Umgebung isoliert und auf diese Weise die ungestörte Fortleitung der Nervenimpulse über die Nervenmembran ermöglicht. Die Myelinscheiden werden von Gliazellen gebildet, die das Axon mit einer Schicht von Membranwicklungen umkleiden.

Myoblast:
Undifferenzierte Vorstufe der Muskelzellen.

Neuroblast:
Undifferenzierte Vorstufe der Nervenzellen.

Neuromatrix:
Genetische Vorgabe eines Ordnungsprinzips im Zentralnervensystem, dessen Einzelparameter in einem bestimmten, voneinander abhängigen Bereich variabel sind.

Neuromodulatoren:
An Synapsen befindliche Neuropeptide, die die Wirkungsweise der Neurotransmitter verändern können.

Neuron:
Wissenschaftliche Bezeichnung für Nervenzelle; Adj. neuronal oder nerval.

neuronales Netzwerk:
Die Gesamtheit der über ihre zahlreichen Nervenfortsätze (Axone und Dendriten) netzförmig miteinander verbundenen Nervenzellen des Gehirns. In ihm werden eingehende Informationen gespeichert, verarbeitet und Handlungsanweisungen formuliert. Dabei werden jeweils nur begrenzte, oft weit auseinander liegende Neuronengruppen in Form selbstorganisierender Systeme gleichzeitig aktiviert. Die hochkomplexen neuronalen Verschaltungen sind die biotische Grundlage für das Entstehen unbewußter und bewußter psychischer Vorgänge.

Oszillationen:
Die elektrischen Biopotentiale der Nervenzellen weisen in einer Vielzahl von Frequenzbereichen unregelmäßige Periodizitäten auf. Die Schwingungen in der Nähe von 10 Hz werden als Alpha-Rhythmus, die in der Nähe von 20 Hz als Beta-Rhythmus bezeichnet. Die vorübergehende Synchronisierung von Entladungsrhythmen in der Größenordnung von 40 Hz scheint bei der Aktivierung funktioneller Kopplungen innerhalb des neuronalen Netzwerkes im Gehirn eine Rolle zu spielen.

Phoneme:
Kleinste Einheiten von Lauten mit bedeutungsmäßiger Differenzierung, die jedoch noch keine Wörter darstellen.

Plastizität:
Anpassungsfähigkeit. Fähigkeit des Organismus und seiner Teile, sich im Rahmen genetischer Vorgaben an wechselnde Bedingungen anzupassen.

probabilistisch:
Wahrscheinlichkeitstheoretisch. Die Ereignisse des Lebens laufen nicht nach deterministischen (von vornherein festgelegten), sondern nach probabilistischen Prinzipien ab.

Repräsentation:
s. mentale Repräsentation (S. 139) .

Sakkade:
Eine kleine Augenbewegung, die mit einem neuen Fixationspunkt endet. Sakkaden sind schnell, aber es können nicht mehr als etwa 5 pro sec ausgeführt werden. Die meisten Menschen bewegen ihre Augen häufiger als ihnen bewußt ist, gewöhnlich drei- oder viermal pro sec.

Selbstorganisation:
Das spontane Aufsuchen neuer Strukturen und neuer Verhaltensweisen in offenen Systemen fern vom Gleichgewicht, die durch innere Rückkopplungsschleifen charakterisiert sind und mathematisch durch nichtlineare Gleichungen beschrieben werden.

selbstorganisierende funktionelle Systeme:
Im Laufe der individuellen Entwicklung bilden sich durch die aktive Auseinandersetzung des Organismus mit seiner Umwelt im neuronalen Netzwerk des Gehirns funktionelle Systeme nach dem Prinzip der Selbstorganisation aus. Sie sind im Rahmen der genetischen Vorgabe hochgradig variabel und

bedürfen zu ihrer Stabilisierung und Weiterentwicklung immer wiederholter Nutzung.

stochastisch: Zufällig.

Subkortex:
Die unterhalb der Großhirnrinde, des Kortex, liegenden Anteile des Gehirns; Adj. subkortikal.

Subkutis:
Unterhautzellgewebe.

Synapse:
Verbindungsstelle zwischen zwei Nervenzellen. Die meisten Synapsen haben einen winzigen Spalt zwischen dem Ende der ankommenden Nervenfaser und der postsynaptischen Membran. In diesen Spalt werden von der präsynaptischen Membran Neurotransmittermoleküle abgegeben, die an postsynaptischen Rezeptormolekülen angreifen und den Erregungszustand der postsynaptischen Membran verändern.

Syntax:
In der Sprachwissenschaft die Lehre vom Satzbau; Adj. syntaktisch.

Systemtheorie:
Die Systemtheorie betrachtet die Vorgänge in der Natur (und in der Biologie) als eigengesetzliche Ganzheiten, deren Eigenschaften sich nicht auf die kleinerer Einheiten reduzieren lassen. Statt auf Grundbausteine oder Grundsubstanzen konzentriert sich die Systemtheorie auf grundlegende Organisationsprinzipien (s. Selbstorganisation).

Thalidaomid: Auch Contergan = N-Phthalylglutarsäureimid, Beruhigungsmittel. Wenn es in der Frühschwangerschft (4.-6. Konzeptionswoche) von der Mutter eingenommen wird, kann es beim Feten zu schweren Mißbildungen kommen, z. B. Fehlen oder Mißbildung von Extremitäten. In diesem Falle können beim Kind später Phantomerscheinungen auftreten.

thorakal:
Die Gegend des Brustkorbs betreffend.

Transmitter:
Chemische Überträgersubstanz, die an der Synapse in den synaptischen Spalt abgegeben wird und ein postsynaptisches Potential auslöst, z.B. Azetylcholin, Glutamat, GABA.

unimodal:
Nur zu einer Sinnesqualität gehörig.

vegetativ:
Die physiologischen Vorgänge der Eingeweide und der Transportsysteme von Atmung, Herz und Kreislauf, die Harnausscheidung und die Tätigkeit der peripheren exkretorischen und inkretorischen Drüsen. Ihnen stehen die motorischen Funktionen und die höheren Funktionen des Zentralnervensystems gegenüber.

Vibration:
Mechanische Schwingung. Für die Rezeption mechanischer Schwingungen, die auf die Hautoberfläche einwir-

ken, existieren in einem begrenzten Frequenzbereich spezielle Vibrationsrezeptoren.

zerebral:
Zum Gehirn gehörig. Abgeleitet von dem lateinischen Wort Cerebrum = Gehirn.

Zyklografie:
Feinanalyse von Bewegungen durch Aufnahmen mit einer Hochgeschwindigkeitskamera; Adj. zyklografisch.

13. Register

verlag selbstbestimmtes leben

Programm:
„Förderung und Pflege von Menschen mit schweren Behinderungen"

Andreas Fröhlich: Basale Stimulation. Das Konzept
Basale Stimulation ist keine Methode, ist keine Technik. Basale Stimulation versteht sich als Konzept, d. h. eine gedankliche Annäherung an die Probleme und Schwierigkeiten sehr schwer beeinträchtigter Menschen. Die völlig überarbeitete Neuausgabe des erfolgreichen Standardwerkes „Basale Stimulation" will eine Orientierung ermöglichen, Anregung geben. Das Buch versucht, neue Entwicklungen und Erfahrungen einzubeziehen. Die Grundlinien der ersten Ausgabe wurden beibehalten. Neben Kindern und Jugendlichen finden jedoch verstärkt auch erwachsene Menschen mit schwerer Behinderung Berücksichtigung.
Düsseldorf 1998, 320 S., 30 Abb., 2. Aufl., DM 34,80 (Nichtmitgl.)/ DM 22,00 (Mitgl.), ISBN 3-910095-31-3

Christel Bienstein/ Andreas Fröhlich: Basale Stimulation in der Pflege. Pflegerische Möglichkeiten zur Förderung wahrnehmungsbeeinträchtigter Menschen
Christel Bienstein, Leiterin des Institutes für Pflegewissenschaft der Universität Witten/Herdecke hat in diesem Buch das Konzept der Basalen Stimulation auf die Pflege beatmeter, desorientierter, somnolenter Patienten, die keine Reaktionen zeigen, übertragen. Das Buch macht mit dem Konzept der Basalen Stimulation vertraut und zeigt anhand zahlreicher Beispiele Wege zur Integration in die Pflege auf.
Düsseldorf 1993, 120 S., 13. Aufl., DM 16,80 (Nichtmitgl.)/DM 10,00 (Mitgl.), ISBN 3-910095-10-0

Andreas Fröhlich/Christel Bienstein/ Ursula Haupt (Hrsg.): Fördern – Pflegen – Begleiten. Beiträge zu Pflege und Entwicklungsförderung schwerst beeinträchtiger Menschen
Die Beiträge dieses Buches sind das Ergebnis des interdisziplinären Kongresses „Basale Stimulation – Pflege und Förderung im Austausch" im Frühjahr 1996 in Landau. Fachleute aus den Bereichen Förderung, Pflege und Wissenschaft haben hier Ergebnisse und Erkenntnisse zusammengetragen, die sie im alltäglichen Umgang mit der Basalen Stimulation gewinnen konnten. Durch die Vielzahl und Differenziertheit der dargestellten Lebensbereiche ergibt sich ein guter Überblick über die Möglichkeiten und Anwendungsbereiche der Basalen Stimulation.
Düsseldorf 1997, 260 S., DM 29,80 (Nichtmitgl.)/ DM 20,00 (Mitgl.), ISBN 3-910095-30-5

Christel Bienstein/ Angelika Zegelin (Hrsg.): Handbuch Pflege
Das Handbuch Pflege gibt praktische Hilfen für den Alltag und will einen Beitrag dazu leisten, Probleme im Vorfeld abzufangen. Den Schwerpunkt des Buches bildet die Darstellung pflegerischer Grundlagen und Möglichkeiten. Das Handbuch Pflege eignet sich für den Alltag zu Hause und in Einrichtungen. Die Gliederung nach häufig vorkommenden Fragestellungen und ein detailliertes Schlagwortverzeichnis erlauben einen schnellen Zugriff auf wichtige Themen und Probleme. Im Anhang befindet sich ein Verzeichnis wichtiger Adressen von Selbsthilfegruppen und Herstellern.
Düsseldorf 1995, 250 S.,2. Aufl., zahlr. Abb., DM 29,80 (Nichtmitgl.)/ DM 20,00 (Mitgl.), ISBN 3-910095-25-9

Christel Bienstein/ Andreas Fröhlich (Hrsg.): Bewußtlos – Eine Herausforderung an Angehörige, Pflegende und Ärzte
Die Herausgeber dieses Buches versuchen seit einigen Jahren, aus der Sicht der Pflege und der Sonderpädagogik neue Perspektiven im Umgang mit bewußtlosen Menschen zu erarbeiten. Dabei zeigte sich, daß „Bewußtlosigkeit" kein statischer Zustand ist, sondern als dynamisches Geschehen aufzufassen ist. Unterschiedlichste persönliche, fachliche und philosophische Vorstellungen von „Bewußtsein" und „Bewußtlosigkeit" bestimmen das Verhältnis zum bewußtlosen Menschen. Die Beiträge des Buches suchen nach neuen sensiblen und kreativen Annäherungen.
Düsseldorf 1994, 80 S., 3. Aufl., DM 16,80 (Nichtmitgl.)/ DM 10,00 (Mitgl.), ISBN 3-910095-20-8

verlag selbstbestimmtes leben

Eigenverlag des Bundesverbandes für Körper- und Mehrfachbehinderte e. V.
Brehmstr. 5-7, 40239 Düsseldorf
Tel. 02 11/64 00 4-0 • Fax: 02 11/64 00 4-20

Ausschnitte aus dem aktuellen Verlagsprogramm

BUNDESVERBAND FÜR KÖRPER- UND MEHRFACHBEHINDERTE E.V.
BREHMSTR. 5-7, 40239 DÜSSELDORF,
TEL. 02 11/64 00 4-0, FAX.: 02 11/64 00 4-20
e-mail: BV-KM@t-online.de, http://www.bvkm.de

AUFGABEN UND ZIELE
Ein Leben in größtmöglicher Selbständigkeit für Menschen mit Behinderungen ist unser oberstes Ziel. Im Mittelpunkt steht der einzelne Behinderte, eingebettet in eine für ihn überschaubare Gemeinschaft, die er akzeptiert und die ihn akzeptiert und trägt.

SOZIALPOLITISCHE INTERESSENVERTRETUNG
In über 200 Mitgliedsorganisationen sind 20.000 Mitglieder zusammengeschlossen. Wir sind sachverständiges, kritisches Gegenüber von Gesetzgeber, Regierung und Verwaltung. In dieser Funktion arbeiten wir zusammen mit den Dachverbänden der Wohlfahrtspflege und Behindertenhilfe.

BERATEN, UNTERSTÜTZEN, WEITERBILDEN
Wir beraten unsere Mitglieder in allen Fragen der Rehabilitation und unterstützen sie bei der Gründung von Vereinen und Einrichtungen. Wir organisieren den Austausch von Betroffenen und Fachleuten durch Seminare, Tagungen und Weiterbildunsangebote.

AUFKLÄREN, ANREGEN, DURCHSETZEN
In unserer Zeitschrift DAS BAND (Auflage 21.000 Exemplare) werden alle aktuellen fachlichen und politischen Fragen dargestellt. Wir betreiben aktiv Öffentlichkeitsarbeit für behinderte Menschen.

ORTSVEREINE
Eltern und Betroffene haben in ihren Städten und Gemeinden zahlreiche Einrichtungen in eigener oder öffentlicher Trägerschaft geschaffen: Von Frühförder- und Beratungsstellen über Familienentlastende Dienste bis zu Schulen, Wohneinrichtungen und Werkstätten. Die unmittelbare Arbeit für und mit behinderten Menschen leisten hier Fachkräfte gemeinsam mit ehrenamtlichen Helfern.

CLUBS UND GRUPPEN
Junge behinderte und nichtbehinderte Menschen treffen sich in 50 Clubs und Gruppen und organisieren Gesprächskreise, Kurse sowie Freizeit- und Reiseangebote.

LANDESVERBÄNDE/ BUNDESORGANISATIONEN
Die 13 Landeverbände koordinieren die Arbeit der Ortsvereine und haben eine Mittlerfunktion zum Bundesverband. Dem Bundesverband gehören drei bundesweite Mitgliedsorganisationen an.

DIE RICHTIGE ENTSCHEIDUNG: MITGLIED WERDEN
Unterstützen Sie die Arbeit eines Vereins in Ihrer Nähe durch Mitgliedsbeiträge und Spenden. Durch die Mitgliedschaft in einem Verein sind Sie Mitglied im Bundesverband. Tragen Sie als Fördermitglied im Bundesverband durch einen regelmäßigen Beitrag zur Verbesserung der Lebenssituation körper- und mehrfachbehinderter Menschen bei. Ihnen stehen sämtliche Serviceleistungen unseres Verbandes zur Verfügung. Sie werden über alle wichtigen Themen und Aktivitäten regelmäßig unterrichtet.

UNSER SPENDENKONTO: Bank für Sozialwirtschaft, BLZ 370 205 00, Kto. 7 034 203